职业教育国家在线精品课程配套教材
职业教育公共基础课新形态系列教材

大学生劳动教育

牛海云　耿俊梅　　主　编
朱喜霞　李虹飞　　副主编

電子工業出版社
Publishing House of Electronics Industry
北京 · BEIJING

内 容 简 介

本书依据中共中央国务院《关于全面加强新时代大中小学劳动教育的意见》文件精神，并在总结多年职业院校劳动教育实践经验的基础上编写而成。

本书分为“懂劳动之理，悟劳动之美”和“学劳动之技，展劳动之能”两个模块，主要内容包括走进劳动、劳动精神、工匠精神、劳模精神、让青春闪光、知法守法、与祖国同呼吸、在实践中成长、生活技能、职业技能、社会技能。

本书配套丰富的数字化学习资源，包括教学课件、微课和视频，以便于教师教学和学生自学。

本书可作为职业院校劳动教育课程的教材。

图书在版编目（CIP）数据

大学生劳动教育 / 牛海云，耿俊梅主编．—北京：电子工业出版社，2023.2
ISBN 978-7-121-44405-0

Ⅰ．①大… Ⅱ．①牛… ②耿… Ⅲ．①劳动教育—高等学校—教材 Ⅳ．① G40-015

中国版本图书馆 CIP 数据核字（2022）第 189445 号

责任编辑：朱怀永
印　　刷：涿州市京南印刷厂
装　　订：涿州市京南印刷厂
出版发行：电子工业出版社
　　　　　北京市海淀区万寿路 173 信箱　邮编 100036
开　　本：787 × 1092　1/16　印张：12.25　字数：313.6 千字
版　　次：2023 年 2 月第 1 版
印　　次：2023 年 9 月第 3 次印刷
定　　价：45.00 元

凡所购买电子工业出版社图书有缺损问题，请向购买书店调换。若书店售缺，请与本社发行部联系，联系及邮购电话：（010）88254888，88258888。

质量投诉请发邮件至 zlts@phei.com.cn，盗版侵权举报请发邮件至 dbqq@phei.com.cn。

本书咨询联系方式：（010）88254609 或 zhy@phei.com.cn。

本书编委会

主　编　牛海云　耿俊梅

副主编　朱喜霞　李虹飞

编　委　李春光　李艳芳

牛　云　王国栋

晁　霞　任海燕

前　言

劳动是创造物质财富和精神财富的过程，是人类特有的基本社会实践活动。劳动教育是发挥劳动的育人功能，对学生进行热爱劳动、热爱劳动人民的教育活动。当前实施劳动教育的重点是在系统的文化知识学习之外，有目的、有计划地组织学生参加日常生活劳动、生产劳动和服务性劳动，让学生动手实践、出力流汗，接受锻炼、磨炼意志，培养学生正确的劳动价值观和良好的劳动品质。

中共中央国务院《关于全面加强新时代大中小学劳动教育的意见》(以下简称《意见》)指出，劳动教育的总体目标是："通过劳动教育，使学生能够理解和形成马克思主义劳动观，牢固树立劳动最光荣、劳动最崇高、劳动最伟大、劳动最美丽的观念；体会劳动创造美好生活，体认劳动不分贵贱，热爱劳动，尊重劳动者，培养勤俭、奋斗、创新、奉献的劳动精神；具备生存发展需要的基本劳动能力，形成良好劳动习惯。"本书就是以这个总体目标为指引编写而成的。

本书可作为职业院校"大学生劳动教育"课程的教材，也可作为各行各业进行劳动教育的参考用书。

在撰写过程中，本书突出了以下特点。

1. 注重实践助成才

本书以《意见》为指导，遵循从理论到实践的原则，逐步引导学生树立正确的劳动价值观，让其在劳动中接受锻炼、磨炼意志，懂得劳动创造美好生活的道理，并培养良好的劳动品质。

2. 体例丰富激兴趣

全书共分为11个专题，每个专题的开始处设置"学习目标""思维导图""专题导读""自思自检"4个部分，在具体学习内容中穿插有"名人语录""读案例""相关链接"等模块，每个专题的最后还设置了"专题实践"部分。丰富的内容不仅可以让学生学到更多知识，帮助学生将学到的理论知识与实践相结合，还可以增加教材的可读性和趣味性。

3. 榜样案例引自觉

本书中添加了丰富的榜样案例，如劳模和大国工匠的故事，力求以真人真事来引导学生崇尚劳动、尊重劳动、热爱劳动，培育精益求精的工匠精神和爱岗敬业的劳动态度，增强职业荣誉感，树立用技能成就梦想的信念，以成为高素质技能人才为目标，艰苦奋斗，以“诚”待劳，以实干实现自身价值。

4. 数字配套“码”上学

为了方便教师教学和学生自学，编者专门录制了教学视频，还精心制作和挑选了符合劳动主题的相关视频和案例，以二维码方式放置于书中相应位置，读者扫码即可观看、学习，以实现线上、线下混合式教学。“相关链接”中的二维码则补充了丰富的拓展知识，不仅可以帮助学生开阔视野，还可以使学生直观感受劳动的魅力。

5. 讲好故事铸素养

贯彻落实党的“二十大”精神，编者制作了以“中国梦·劳动美——讲身边事学身边人”为主题的劳动者故事微课堂（扫描下面二维码观看），拓展学生思维，铸就良好劳动素养。

6. 躬身实践提技能

为提升学生劳动技能，编者设计了创新创业实践、志愿服务、专业实践等类别的实践任务，并提供劳动实践记录手册（可扫描下面二维码下载），便于任务实施与总结。

本书由牛海云、耿俊梅担任主编，朱喜霞、李虹飞担任副主编，李春光、李艳芳、牛云、王国栋、晁霞、任海燕担任编委。编写的具体分工如下：耿俊梅负责本书的统稿、审稿；专题 2、专题 3、专题 8 由牛海云负责编写；专题 9、专题 10、专题 11 由朱喜霞负责编写；专题 4 由李虹飞负责编写；专题 1、专题 5、专题 6、专题 7 分别由李春光、李艳芳、牛云、王国栋负责编写。另外，本书遵循“校企合作”理念，河南济源钢铁（集团）有限公司晁霞和济源市第二人民医院任海燕参与了本书结构与内容的设计，并重点对模块一中每个专题的专题实践和模块二中每个专题的任务实施记录进行审核。

在本书的编写过程中，参考、借鉴了部分专家学者的著作，在此对这些专家学者表示衷心感谢。本书配套建设有国家在线精品课程《大学生劳动教育》，欢迎各大高校师生登录课程网站学习。由于编者水平有限，书中难免存在疏漏和不足之处，敬请广大读者批评指正，以便日后修订完善，不胜感激！

编　者

2022 年 9 月

劳动者故事微课堂

劳动实践记录手册

目录 CONTENTS

模块一

懂劳动之理，悟劳动之美

专题1 谈古论今说劳动——走进劳动

学习目标

素质目标：树立新时代劳动最光荣、劳动最崇高、劳动最伟大、劳动最美丽（简称“四个最”）的劳动观。

知识目标：掌握劳动的定义及分类，会背诵一些歌颂劳动的诗歌和名言，了解劳动节的起源。

能力目标：能将新时代劳动观内化于心、外化于行，在学习和工作中践行劳动精神。

思维导图

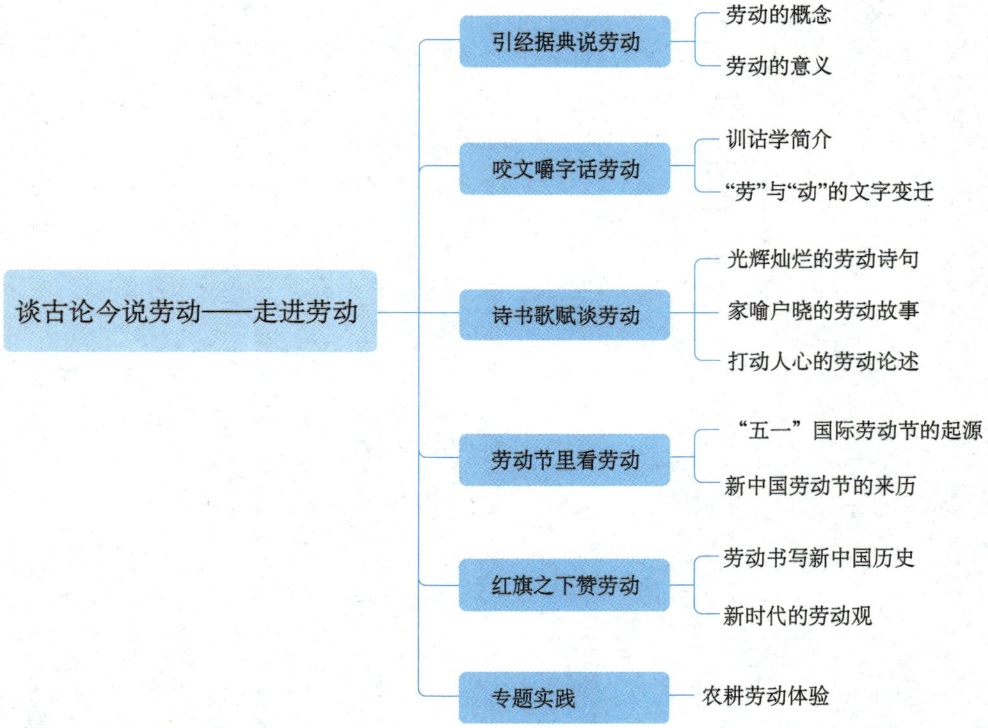

专题导读

劳动作为人类活动的一个基础范畴，具有哲学、政治学、经济学和人类文化学等多方面的意义。劳动创造了物质财富和精神财富，创造了世界，创造了历史，也创造了人本身。

我们要实现中国梦，实现中华民族的伟大复兴，就必须认识劳动的伟大意义，把劳动置于最重要的地位，重视劳动、尊重劳动、尊重劳动者。

劳动教育既有普通教育的特征，也有价值教育的属性，还具有强烈的时代特征与社会属性。今天的大学生就是明天各行各业的劳动者，必须牢固树立“四个最”的劳动观，旗帜鲜明地反对一切不劳而获、贪图享乐、崇尚暴富的错误思想，让中华民族勤俭、奋斗、创造、奉献的劳动精神代代相传。

自思自检

Q1：你了解“五一”国际劳动节的来历吗？

A：____

Q2：你热爱劳动吗？

A：____

Q3：你知道的关于劳动的名言有哪些？

A：____

Q4：你知道的关于劳动的诗词有哪些？

A：____

1.1　引经据典说劳动

一、劳动的概念

（一）劳动的定义

哲学中将劳动定义为“人类特有的、基本的社会实践活动”，“人类通过有目的的活动改造自然对象，并在这一活动中，改造人自身的过程。”

经济学中劳动是指劳动力的支出和使用，包含体力劳动和脑力劳动。

1999年出版的《辞海》对劳动的解释是：“人们改变劳动对象，使之适合自己需要的、有目的的活动。”

上面这些论述都比较深奥，这里给出一个较通俗易懂的定义：劳动是指人们运用生产工具创造物质财富和精神财富的有计划、有目的的活动。

> **名人语录**
>
> 劳动是世上一切欢乐和一切美好事情的源泉。
>
> ——高尔基

劳动是什么

（二）劳动的分类

劳动是多姿多彩的，每个人从事的工作不同，劳动内容也不同。

劳动的分类

按传统分法，劳动可分为两大类：脑力劳动和体力劳动。一般的劳动过程都是既包含脑力劳动也包含体力劳动的复合劳动，没有纯粹的脑力劳动或体力劳动。我们通常所说的脑力劳动是指脑力劳动占主要比例的复合劳动，比如科研人员的劳动、学生的学习。体力劳动是指体力劳动占主要比例的复合劳动，比如环卫工人的劳动、做家务活。

体力劳动是基础，没有勤于动手的实践，脑力劳动的成果就无法实现；脑力劳动是提升，没有脑力劳动的体力劳动，只是机械性重复。生活中有的人尽管工作很卖力，劳动态度也勤恳，但做事情却事倍功半；而有的人花很少的时间和力气却收到事半功倍的效果。这就是不同劳动者劳动的区别，也充分说明劳动需要手脑并用。

按现代分法，劳动可分为脑力劳动、体力劳动和生理力劳动。生理力劳动是一切生物都具有的劳动形式。对于植物而言，光合作用、蒸腾作用、呼吸作用等都是生理力劳动；对于动物来说，消化、呼吸、血液循环、分泌、神经运动等也都是生理力劳动。本书所述劳动不涉及生理力劳动。

如果按照劳动所使用的技术的高低来分，可将劳动分为简单劳动和复杂劳动。简单劳动是指不需要经过专门训练，每个普通劳动者都能从事的劳动，比如日常清扫。复杂劳动则需要经过专门学习和训练，在技术上要复杂一些，比如数控车床的操作。

按可用度可将劳动分为有价值劳动和无价值劳动。通常来说，只要是有用的、有价值的，对自己、他人或社会有帮助的付出都是有价值劳动。有些劳动，虽然也付出了汗水和精力，但对他人或社会造成了伤害或危害，这种劳动不仅是无价值的，还可能是可耻的，甚至是犯罪，例如偷盗。本书中不把无价值劳动列入讨论的范畴。

（三）劳动没有高低贵贱

劳动是一切知识的源泉，是推动人类社会进步的根本力量。劳动能够创造价值，生活因劳动而美好。我们每个人的职业不同、劳动内容不同，其实只是社会分工不同，热爱劳动、向往劳动的心情是相同的，希望通过劳动创造价值、收获幸福的愿望是一致的。人类是劳动创造的，社会是劳动创造的。劳动没有高低贵贱之分，任何一份职业都很光荣。广大劳动群众要立足本职岗位诚实劳动。

在实现中国梦的伟大征程中，每个人都在劳动中收获自己的幸福生活，实现自己的人生价值。每个平凡普通的劳动者都是光荣的建设者，都值得我们尊重。新时代的大学生要做到无论从事什么职业，都要勤于学习、善于实践、踏实劳动、勤勉劳动，在工作上兢兢业业、精益求精，真正提高践行劳动精神的自觉性和主动性，悟劳动之美，明劳动之理，更好地助力个人成长成才、全面发展。

辩一辩：表 1-1 中的项目是否属于劳动？

表 1-1　项目判断表

项目	是（否）	项目	是（否）
爸爸打麻将		李师傅加工零件	
妈妈做家务		交警指挥交通	
奶奶跳广场舞		杨洋打篮球	
爷爷遛狗		张大爷收玉米	
小强写作业		李逵打人	
小明帮朋友维修计算机		网购	
小红扔垃圾		快递小哥送餐	
赵三踢球		建筑工人在工地砌砖	
李四摔倒		加油站员工给汽车加油	
王叔叔栽树		程序员设计程序	

二、劳动的意义

（一）劳动是历史之基

伟大的革命先导恩格斯曾经说过：“劳动创造了人本身”。在人类形成的过程中，劳动起了决定性的作用。人类的祖先猿正是经过长期劳动才成为能制造工具的人。

名人语录

劳动创造世界。
——马克思

1. 劳动创造历史

几千年来，中华民族在田野中精耕细作，开拓了祖国的大好河山，创造了绵延不绝的文明奇迹和不朽的精神财富。“冀以尘雾之微补益山海，荧烛末光增辉日月”。钻木取火结束了茹毛饮血的历史，给人类带来了光明，开创了华夏文明。传说神农遍尝百草为人类去除病魔，伏羲氏把绳子织成网，用来捕鸟打猎，教会了人类渔猎的方法。

从植杖耘耔到渔樵耕读，从采桑纺织到九层垒土，从结网垂钓到智能工具，劳动伴随华夏走过了五千年。这跌跌撞撞的五千年，每次经战争冲刷支离破碎后却又被一双双勤劳的手连接起来。从日出而作、日落而息到朝九晚五的工作模式，人类步入工业时代后依然靠辛勤劳动创造着一切。

正是因为劳动创造，我们拥有辉煌的历史；也正是因为劳动创造，我们拥有了今天的成就。劳动创造了中华民族，造就了中华民族的辉煌历史，也必将创造出中华民族的光明未来。在百舸争流的新时代，勤劳的中国人应该同心同德，开拓进取，用辛勤劳动创造中国人民的美好生活、创造中华民族的美好未来，继续同世界各国人民一道构建人类命运共同体。

2. 劳动创新发展

劳动不仅创造历史，而且创新发展、开创未来，劳动是推动人类社会进步的根本力量。劳动不仅创造了人，创造了社会文明，而且还在塑造着人，塑造着人类社会。

鲁班从小就跟随家人参加土木建筑工程劳动，逐渐掌握了生产劳动的技能，积累了丰富的实践经验。他在生产实际中反复研究、反复试验，发明创造涉及多个领域，包括机封、农业机具、木工工具、锁钥、兵器、仿生机械、雕刻、土木建筑等。

爱迪生是一个热爱劳动的伟大发明家，他发明的留声机、电影摄影机和电灯对世界产生极大影响。爱迪生拥有超过 2000 项发明，他说："所谓天才，那都是假话，勤奋的工作才是实在的"。

2003 年 4 月非典期间，中国人创造性地建设了小汤山医院，收治了全国七分之一的非典病人，被世界卫生组织专家称为"世界医疗史上的奇迹"。2020 年 2 月新冠疫情肆虐，全国人民支援武汉共同抗疫：中建三局等建设单位夜以继日地辛勤工作，仅用 10 天就建成了火神山医院，用 18 天建成了雷神山医院；在抗击疫情的过程中人民群众还创造性地建立了方舱医院，如图 1-1 所示。方舱医院的建立为及早实施医疗干预、减少轻症转为重症提供了有效途径。事实证明：从 2 月 5 日武汉的方舱医院开始收治患者，到 3 月 10 日最后一家方舱医院休舱，这一段时间内 16 家方舱医院共收治患者 1.2 万余人，实现了"零感染、零死亡、零回头"，创造了医学奇迹。

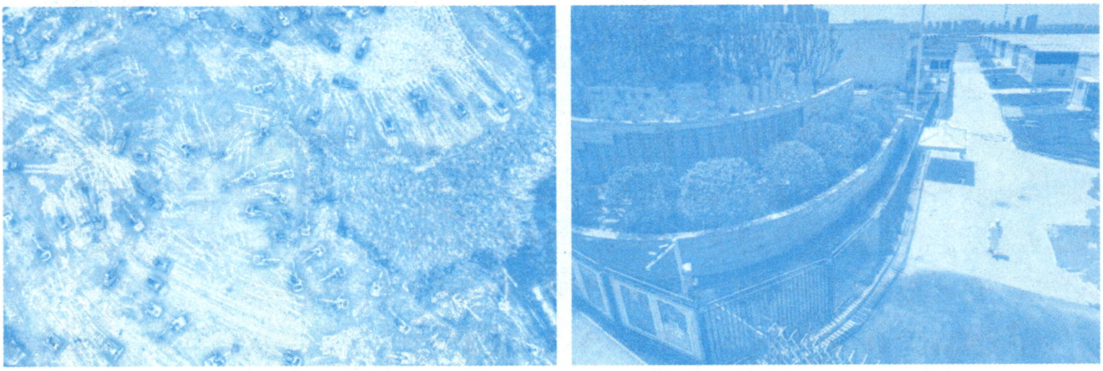

图 1-1　武汉火神山、雷神山建设施工场景与完工实拍图

历史唯物主义认为，生产力决定生产关系，经济基础决定上层建筑。人的劳动是发展生产力和推动经济社会发展最活跃的力量。生产力的提高是人民群众劳动经验的积累和技术发明的结果。人民群众创造了历史，人民群众通过劳动推动了社会的发展和进步。

全面建成小康社会，进而建成富强民主文明和谐美丽的社会主义现代化强国，从根本上说，也是要靠劳动、靠劳动者的创造。实现中国梦，归根到底要靠辛勤劳动、诚实劳动、科学劳动。

（二）劳动是生存之本

劳动是生存之本，是解决民生的重中之重。墨子教育弟子“故圣人作，诲男耕稼树艺，以为民食”“食者，国之宝也”“民无食则不可事，故食不可不务也”。在墨子看来，解决民生问题的关键在于劳动——民不可无食，而食必须通过劳动获得。

劳动是个人实现人生价值、享受美好生活的基本途径。

1. 劳动带来技能

劳动者在长期的劳动生产过程中掌握了必要的技能。由于工作不同，进而形成了不同的技能，例如操作机床、维修家用电器、驾驶汽车、种地、做饭、组装材料等。同时，持续的劳动又带来了技能的进一步提升。

有这么一群不平凡的劳动者，他们的成功之路不是进名牌大学、拿耀眼文凭，而是默默坚守、孜孜以求，在平凡的岗位上追求职业技能的完美和极致，最终脱颖而出，跻身“国宝级”技工行列，成为一个领域不可或缺的人才。他们是劳动带来技能的典型例子，他们被称为“大国工匠”。

高凤林是中国航天科技集团公司第一研究院国营二一一厂的特种熔融焊接工、发动机零部件焊接车间班组长，特级技师。他先后参与北斗导航、嫦娥探月、载人航天等国家重点工程，以及长征五号新一代运载火箭的研制工作，一次次攻克发动机喷管焊接技术世界级难关，出色完成亚洲最大的全箭振动试验塔的焊接攻关，成功解决了反物质探测器项目难题。高凤林先后荣获国家科技进步二等奖、全军科技进步二等奖等 20 多个奖项，2015 年获得了“全国劳动模范”称号。

绝活是练出来的。高凤林吃饭时拿筷子练送丝，喝水时端着盛满水的缸子练稳定性，休息时举着铁块练耐力，冒着高温观察铁水的流动规律。为了保障一次大型科学实验，他的双手至今还留有被严重烫伤的疤痕。为了攻克国家某重点攻关项目，近半年的时间，他天天趴在冰冷的产品上，人称“和产品结婚的人”。高凤林以卓尔不群的技艺和劳模特有的人格魅力、优良品质，成了新时代高技能工人的时代坐标。

2. 劳动提升修养

《中华人民共和国劳动法》第三条第二款规定，“劳动者应当完成劳动任务，提高职业技能，执行劳动安全卫生规程，遵守劳动纪律和职业道德。”这是劳动者要履行的责任，是劳动的基本境界。其实，劳动不光是为了个人的生存，劳动还可以提高境界和修养，劳动带来的财富可以为国家和社会做出贡献。

> **名人语录**
>
> 如果人只是为了自己而劳动，他也许能成为有名的学者、绝顶的聪明人、出色的诗人，但他绝不可能成为真正的完人和伟人。
>
> ——马克思

1991 年任正非租下了深圳宝安的一块场地，带领五十多名年轻员工在破旧的厂房中挥汗如雨，设计和制作电路板、话务台，焊接，编写软件，调试、修改、再调试。华为人“坚定不移28年只对准通信领域这个城墙口冲锋”（任正非语），才有了今天全球通信行业的领头羊地位。2021年华为将400亿的分红给了公司的10万员工。正是全员持股的策略稳定了军心，留住了人才，才成就了华为。

有很多伟大的企业家，他们的劳动已不再是为个人，他们的奋斗更多的是为了他人、为了整个社会。相反那些没有经过艰苦劳动的人，却很少做出服务大众、奉献社会的事情来。

读案例 四个担子一肩挑——刘桂珍

刘桂珍于1963年出生，1992年加入中国共产党，她几十年如一日地坚守在山西省忻州市代县峪口乡段家湾村。

1977年，正值刘桂珍高考时，村里急需一名医生。为了村民，她决定挑起这个担子，在初步掌握打针、输液、理疗等基本技能后，加入了赤脚医生队伍。多年来，不管是村内还是村外，出诊费、注射费她都分文不收，甚至还为多名村民垫付了合作医疗保险费。

1988年，眼看村里的小学生就要失学了，城里的教师也不愿意到当时贫穷落后的段家湾村任教。为了孩子，刘桂珍担任了代课老师，等待新老师的到来。她把自己的家当作课堂，把所有能用的家具都当作教学设备。就这样，刘桂珍一直以代课教师的身份，一干就是29年。

2011年，刘桂珍带头在村里进行苗木种植，带领村民发展育苗产业，使村民的年收入翻了一番。村民们说：“有刘桂珍这样的村干部在，我们就不担心。”段家湾村经过两次移民搬迁后仅剩下十几个常住人口了，但刘桂珍仍然舍不得丢掉自己的工作，她说：“段家湾村只要还有一个村民，我就要为大家服务到底”。

几十年来，刘桂珍将村支书、村主任、乡村医生、代课教师四个担子一肩挑起。“医生要有医德，老师要有师德，党员要有党性”，这就是全国卫生计生系统劳动模范、全国农业劳动模范、全国脱贫攻坚模范、全国三八红旗手刘桂珍的劳模精神。

思维拓展

1. 看完刘桂珍的故事，你有什么感受？

2. 思考如何在平凡岗位上为祖国、为社会、为人民做出贡献？

____

____

____

____

相关链接

每位劳动者都自带光芒　　致敬坚守抗疫一线的劳动者

1.2　咬文嚼字话劳动

一、训诂学简介

训诂学是研究古汉语词义的学科。训诂学根据文字的形体与声音解释文字的意义，偏重于研究古代汉语的词义，尤其注重研究汉魏以前古书中的词义、语法、修辞等。

所谓“训诂”，也叫“训故”“故训”“古训”“解故”“解诂”。用通俗的语言解释词义叫“训”，用当代的语言解释古代的语言叫“诂”。“训诂”连用，最早见于秦末汉初学者毛亨注释《诗经》的书，书名叫《毛诗古训传》。“诂”“训”“传”是三种注解古文的方法。

二、“劳”与“动”的文字变迁

“劳”的字形发展大致可分为三系：一从“衣”，一从“力”，一从“心”。从“力”的一系发展成为现代汉字。

字形采用“力”与省略了“火”的“熒”会义。熒，表示火烧房屋，用力救火者疲惫辛苦。

在甲骨文和金文中还没发现“动”字。西周时期以“童”为之，“童”读为“动”。“童”本意为奴仆，以“童”作“动”大概是因为奴仆是要整天奔波劳碌为主人服役，无时不在动中。

“劳”“动”两个字合起来，就是一个人非常辛勤的干活，图 1-2 为“劳”与“动”的文字变迁过程。

图 1-2 “劳”与“动”的文字变迁过程

读案例 以“乃”字看什么样的劳动最难

《说文解字》解释“乃”字：曳詈之难也象气之出难。“詈”字结构调整后就是“词”，意内而言外也，指将内心所想表达出来。“乃”本义为言语难以表达内心所想。“㇋”增加“丿”，指背负的前奏结束，或为一人用力超过了另外一人，有了对比的概念。“象气之难出”，引申义为难。由此可见，“乃”有身体难受和心里难受两个含义。

“春秋宣八年，日中而克葬。定十五年，日下昃乃克葬。公羊传曰。而者何，难也；乃者何，难也；曷为或言而，或言乃。乃难乎而也。‘何’注：言乃者内而深，言而者外而浅。按乃然，而汝若，一语之转，故乃又训汝也。”（引自清代段玉裁的《说文解字注》）

文中“曷”通“何”。休息的时候不劳作，遇到紧急情况必须劳作，为“而者何，难也”；吃饭的时候不劳作，遇到紧急情况必须劳作，为“乃者何，难也”，都是“难”，是不同的“难”。“而”表示连续操劳，重在连续；“乃”表示间隔性、随机性操劳，重在间隔。可见《说文解字》的作者许慎认为，“乃”比“而”更难。

“奶”是一个会意兼形声字，出现得比较晚，在《说文解字》里没有收录。它左边是“女”，表示跟女性有关；右边是“乃”，表示读音。最初是对女主人的称呼，现在普通话口语中表示祖母。亦可以会意，表示女人很难，后进一步引申为很难的部位。

思维拓展

1. 读懂古文，学好中国古文化，训诂是一个很好的帮手。你知道关于训诂的书籍都有哪些？请举出几个例子。

2. 有人认为《以“乃”字看什么样的劳动最难》一文来自网络，属于一家之言，你怎么看？你觉得什么样的劳动最难？

相关链接

训诂的方法

1.3　诗书歌赋谈劳动

一、光辉灿烂的劳动诗句

（一）普及度最高的关于劳动的诗——李绅《悯农·其一》

锄禾日当午，汗滴禾下土。
谁知盘中餐，粒粒皆辛苦。

古人话劳动

李绅的两首《悯农》诗都是大家耳熟能详的作品（还有一首的诗句是“春种一粒粟，秋收万颗子。四海无闲田，农夫犹饿死。”）。《悯农·其一》这首诗描写了烈日炎炎的正午时分，农民在田间辛勤劳作的场景。并由此联想到我们吃的每一粒粮食，都是劳动者的辛苦和汗水。这是诗人深沉的慨叹，凝聚了对劳动人民强烈的热爱和同情。《悯农·其一》描写情境如图 1-3 所示。

《悯农·其一》具有风格厚重、语言质朴、音节明快、虚实结合的特点，有极强的诗歌表现力。虽然这首诗在百花争艳的唐代诗苑中还算不上精品，但它却流传极广，妇孺皆知，而且不断地被人们所传颂、品味，千年不绝。

图 1-3 《悯农·其一》描写情境

（二）最壮丽劳动场面的诗——李白《秋浦歌·其十四》

炉火照天地，红星乱紫烟。
赧郎明月夜，歌曲动寒川。

秋浦在今安徽省贵池县西，是唐代银和铜的产地之一。天宝十二年（公元 753 年）李白漫游到此，写了《秋浦歌》共十七首，这是其十四，即第十四首。这是一首正面描写和歌颂冶炼工人的诗歌，在我国浩如烟海的古典诗歌中较为罕见，因而极为可贵。

炉火熊熊、红星四溅、紫烟蒸腾，整个天地都被炉火照得通红。一个“照”、一个“乱”，看似平常的两个字眼，一入诗句，便将冶炼场面的盛大和诗人的新奇、兴奋之情跃然纸上。而被炉火映红了脸的冶炼工人，一边劳动，一边歌唱，嘹亮的歌声把寒冷的河水都激荡起来了。这是诗人的独特感受，也是夸张之笔，却极为传神，字里行间饱含着诗人对劳动者的歌颂和赞美之情。

这首诗是古代诗歌宝库中放射异彩的艺术珍品，展现出一幅宏伟壮观的秋夜冶炼图。在这里，光、热、声、色交织辉映，明与暗、冷与热、动与静烘托映衬，鲜明、生动地表现了火热的劳动场景，酣畅淋漓地塑造了古代冶炼工人的光辉形象，描写情境如图 1-4 所示。

图 1-4 《秋浦歌·其十四》描写情境

（三）最久远的关于劳动的诗句——无名氏《弹歌》

断竹，续竹；飞土，逐宍（ròu）。

这是先秦时期的一首诗歌，作者已不可考。

“断竹，续竹”，是描述制作弹弓的过程。将竹竿截断，然后用弦将截断的竹竿连接两头制成弹弓。“飞土，逐宍（通‘肉’）”，是描述人们用弹弓打猎、捕获猎物的场景。上古时期，生产力落后，脑力劳动和体力劳动的区分还不够明显。诗歌在内容上有与现实生活联系紧密的特点，在形式上具有句调短促、节奏明快的特点。这首《弹歌》，是上古歌谣的佳品，仅用短短 8 个字，描写出了从制作工具到狩猎的全过程。《弹歌》漫画如图 1-5 所示。

图 1–5 《弹歌》漫画

（四）最清新的赞美劳动的诗——翁卷《乡村四月》

绿遍山原白满川，子规声里雨如烟。

乡村四月闲人少，才了蚕桑又插田。

翁卷是南宋诗人。这首《乡村四月》以白描手法展现江南农村初夏时节的田野风光和农忙景象。前两句描绘自然景物：绿原、白川、子规、烟雨，寥寥几笔就把水乡初夏时特有景色勾勒出来。以“绿遍”形容草木葱郁，“白满”表示雨水充足，“子规声”暗寓催耕之意，生动地展现出“乡村四月”特有的风光。后两句叙述农事繁忙，主要突出刚刚收完蚕茧便在水田插秧的农民形象，从而衬托出“乡村四月”劳动的紧张。这首诗前呼后应，交织成一幅色彩鲜明的图画卷，描写情境如图 1-6 所示。

这首诗语言朴实生动，风格平易自然，富有生活气息，表达了作者对农民辛勤劳动的赞美之情。

图 1-6 《乡村四月》描写情境

二、家喻户晓的劳动故事——《庖丁解牛》

在《庄子》里有个家喻户晓的故事，“庖丁解牛”。“庖”是厨师，“丁”是人名，“庖丁”就是丁厨师的意思。

宰牛剔骨，这个在一般人看来既费体力也考验技术和耐心的劳动，在丁厨师做起来竟然是“手之所触，肩之所倚，足之所履，膝之所踦（yǐ），砉（xū）然向然，奏刀騞（huō）然，莫不中音”。他的手接触的地方，肩膀靠着的地方，脚踩着的地方，膝盖顶住的地方，都哗哗地响，刀子刺进牛体，发出霍霍的声音。没有哪一种声音不合乎音律：既合乎《桑林》舞曲的节拍，又合乎《经首》乐章的节奏。文惠君说：“嘿，好哇！你的技术怎么高明到这种地步呢？”

丁厨师放下屠刀，答道：我所喜好的是事物的规律，它比技术更进一步。我开始宰牛的时候，看到的无一不是整头的牛。三年之后，就不曾再看到整头的牛了；现在呢，我用精神去接触牛，不再用眼睛看它，感官的知觉停止了，只凭精神在活动。顺着牛体天然的结构击入大的缝隙，顺着骨节间的空处进刀；依着牛体本来的组织进行解剖，脉络相连、筋骨聚结的地方都不曾用刀去碰过，何况那粗大的骨头呢？好的厨师每年换一把刀，因为他们用刀割肉。一般的厨师每月换一把刀，因为他们用刀砍断骨头。现在我的这把刀用了十九年啦，用它宰的牛有几千头了，可是刀口像刚从磨石上磨出来的一样。因为牛体的骨节有空隙，刀口却薄得像没有厚度。把没有厚度似的刀口插入有空隙的骨节，宽宽绰绰，它对于刀的运转必然是大有余地的了。

从这个故事中我们可以看出：对庖丁来说，劳动不再是一种负担，而是达成某种艺术效果的手段；劳动过程不再是枯燥沉闷的，而是艺术般的享受过程。劳动、劳动者、劳动对象已悄然融为一体，达到了一种极高的境界。

三、打动人心的劳动论述

热爱劳动是中华民族的优秀文化基因，关于劳动的论述有很多。

《淮南子·说林训》中指出：临渊羡鱼，不如退而结网。

东汉杰出的发明家张衡说：“人生在勤，不索何获。”

医学家华佗说：“人体欲得劳动，但不当使极耳，动摇则谷气得消，血脉流通，病不得生。譬如户枢，终不朽也。”

明末清初著名理学家张履祥说：“夫能稼穑则可无求于人，可无求于人则能立廉耻。知稼穑之艰则不妄求于人，不妄求于人则能兴礼让。”

晚清名臣曾国藩说：“家中无论老少男妇，总的习勤劳为第一义，谦谨为第二义。劳则不佚，谦者不傲，万善皆从此生矣。”

鲁迅说：“‘一劳永逸’的话是有的，而‘一劳永逸’的事却极少。”

李大钊说：“我觉得人生求乐的方法，最好莫过于尊重劳动。一切乐境，都可由劳动得来，一切苦境，都可由劳动解脱。”

陶行知说：“在劳力上劳心，是一切发明之母。事事在劳力上劳心，可得事物之真理。”

“民生在勤，勤则不匮”，劳动是财富的源泉，也是幸福的源泉。“夙兴夜寐，洒扫庭内”，热爱劳动是中华民族的优秀传统，绵延至今。不管是古代还是现在，不管是诗人还是政治家，中华民族一直以来都对劳动给予了极高的评价。对劳动和劳动者的向往和赞美也必将传承永续。

相关链接

《秋浦歌·其十四》赏析　　《弹歌》赏析　　《乡村四月》赏析

思维拓展

你最喜欢的关于劳动的诗歌是哪一首？请把它抄录在这里。

____

____

____

____

____

____

1.4 劳动节里看劳动

一、“五一”国际劳动节的起源

19 世纪末，美国和欧洲的许多国家逐步由资本主义发展到帝国主义阶段。为了刺激经济的高速发展，榨取更多的剩余价值，以维护这个高速运转的资本主义机器，资本家不断采取增加劳动时间和劳动强度的办法来残酷地剥削工人。

在美国，工人们每天要劳动 14 至 16 个小时，有的甚至长达 18 个小时，但工资却很低。马萨诸塞州一个鞋厂的监工曾经说过这样的话：“让一个身强力壮体格健全的 18 岁小伙子，在这里的任何一架机器旁边工作，我能够使他在 22 岁时头发变成灰白。”沉重的阶级压迫激起了无产者巨大的愤怒。他们知道，要争取生存的条件就只有团结起来，通过罢工运动与资本家做斗争。工人们提出的罢工条件，就是要求实行八小时工作制。

1866 年第一国际日内瓦会议提出八小时工作制的口号。

1877 年美国历史上第一次全国罢工开始了。工人阶级走向街头游行示威，向政府提出改善劳动与生活条件，要求缩短工时，实行八小时工作制。罢工开始不久，队伍日渐扩大，工会会员人数激增，各地工人也纷纷参加了罢工运动。

在工人运动的强大压力下，美国国会虽然被迫制定了八小时工作制的法律。但是资本家根本不予理睬，这项法律只是一纸空文，工人们仍然生活在水深火热之中。忍无可忍的工人们决定将这场争取生存权利的斗争，推向一个新的高潮，准备举行更大规模的罢工运动。

1884 年 10 月美国和加拿大的八个国际性和全国性工人团体，在美国芝加哥举行了一个集会，决定于 1886 年 5 月 1 日举行总罢工，迫使资本家实施八小时工作制。

1886 年 5 月 1 日美国 2 万多个企业的 35 万工人停工上街，举行了声势浩大的示威游行，各种肤色各个工种的工人同时进行总罢工。罢工导致美国的主要工业部门处于瘫痪状态，火车变成了僵蛇，商店更是鸦雀无声，所有的仓库也都关门并贴上封条。参加罢工的示威者要求改善劳动条件，实行八小时工作制。

1886 年 5 月 3 日芝加哥政府出动警察进行镇压，开枪打死两人，事态扩大。5 月 4 日罢工工人在干草市场广场举行抗议，由于不明身份者向警察投掷炸弹，最终警察开枪，先后共有 4 位工人、7 位警察死亡，史称“干草市场暴乱”（Haymarket Riot）或“干草市场屠杀”（Haymarket Massacre）。为纪念这次伟大的工人运动，在世界范围内举行了工人的抗议活动。

经过艰苦的流血斗争，工人们终于获得了胜利。为纪念这次工人运动，1889 年 7 月

14 日，由各国马克思主义者召集的社会主义者代表大会，即在法国巴黎举行的第二国际成立大会开幕。大会代表一致同意把 5 月 1 日定为国际无产阶级的共同节日。

这一决定立即得到世界各国工人的积极响应。1890 年 5 月 1 日，欧美各国的工人阶级率先走向街头，举行盛大的示威游行与集会，争取合法权益。从此，每逢这一天世界各国的劳动人民都要集会、游行，以示庆祝。

二、新中国劳动节的来历

1920 年 5 月 1 日，北京、上海、广州、九江、唐山等工业城市的工人浩浩荡荡地走向街市，举行了声势浩大的游行、集会。同日出版的《新青年》“劳动节纪念号”发表了蔡元培“劳工神圣”的题词（见图 1-7）、孙中山“天下为公”的题词，以及李大钊的《“五一”运动史》、陈独秀的《上海厚生纱厂湖南女工问题》等文章。同时还登载了《旅法华工工会简章》及唐山、九江等地的劳动状况调查。

图 1-7　蔡元培题词

李大钊在《“五一”运动史》中介绍了“五一”国际劳动节的来历和美法等国工人纪念“五一”的活动情况，号召中国工人把这年的“五一”作为觉醒的日期。陈独秀在《上海厚生纱厂湖南女工问题》一文中，揭露资本家剥削工人剩余价值的真相。同时还在上海船务栈房工界联合会作了《劳苦者的觉悟》的演说，阐明了“劳动创造世界”“做工的人最有用、最贵重”的观点。

当天各地工人和知识分子共同集会。在陈独秀指导下，上海 5000 多名工人召开了由中华全国工界协进会等 7 个团体联合筹备的世界劳动纪念大会，陈独秀当选筹备大会顾问。纪念大会上各界代表发表演说，提出 8 小时工作、8 小时休息、8 小时教育的“三八制”要求，并高呼“劳工万岁”“中华工界万岁”等口号。会后发表了《上海工人宣言》和《致俄国劳农政府对我国通牒之答书》的通告。在北京，李大钊领导了以北京大学为中心的纪念活动。北京大学学生在这一天罢课，《北京大学学生周刊》出版了“劳动纪念号”。校内召开了 500 多名校工和学生参加的纪念大会，李大钊到会讲话。何孟雄等 8 名北大学生和一些青年外出宣传，散发《五月一日北京劳工宣言》，唤起工人为反对剥削、争取自身权利而斗争，被巡警拘捕。邓中夏到北京长辛店，向铁路工人散发《五月一日北京劳工宣言》并发表讲演。

新中国成立以后，5 月 1 日成为法定节日，全国放假一天。在这一天人们换上节日的盛装，兴高采烈地聚集在公园、剧院、广场，参加各种庆祝集会或文体娱乐活动，国家还对有突出贡献的劳动者进行表彰。

1999 年 9 月 18 日，国务院发布《国务院关于修改〈全国年节及纪念日放假办法〉的决定》，第一次修订了 1949 年 12 月 23 日颁布的《全国年节及纪念日放假办法》，将春节、“五一”和国庆节法定节日加上调休，全国放假 7 天，形成了 3 个“黄金周”。

2007 年 12 月 14 日，国务院第二次修订《全国年节及纪念日放假办法》，将“五一”假期调整为五一当天。至此五一黄金周成为历史。2008 年五一黄金周转变为 3 天小长假。

读案例 江西财经大学法学院“五一”节联谊晚会文案

“五一”国际劳动节是我国的法定假日，这一天人们换上节日的盛装，兴高采烈地聚集在公园、广场、影剧院，参加各种庆祝集会或文娱活动，并对有突出贡献的劳动者进行表彰。下文是江西财经大学法学院的学生制作的“五一”节联谊晚会文案。

一、晚会意义

一年一度的“五一”国际劳动节就要来了。学院计划通过与公司联谊的方式举办庆“五一”文艺晚会，学生、教师与公司职工共聚一堂，这样不仅可以展现法学院师生最热情活泼的一面，也为学生提供了展现自身才艺和个人魅力的舞台。

二、晚会主题

这台联谊晚会的主题是“庆‘五一’——江西财经大学法学院走进齐洛瓦”。本次晚会旨在一个和谐的氛围中凸显“五一”的欢快气氛，让同学们感受法学院这个大家庭的温暖与温馨。

三、晚会形式及内容

节目形式不限，有单人或团组表演，节目类型包括街舞、小合唱、独唱、三句半、小品、演奏等；节目题材力求新颖、活泼、生动、感人、搞笑、优美、意义深刻、发人深思。晚会开始前半个小时，齐洛瓦公司员工、法学院同学及嘉宾陆续进场。入场期间，晚会现场播放欢愉的、高昂的音乐。晚会过程将有视频记录。晚会后，凡参加表演的学生都赠送一份礼品，以感谢其积极参与。

四、晚会地点和时间

地点：××××。

时间：×××× 年 5 月 1 日晚上 7：00 ～ 9：30。

五、晚会节目表

（略）

六、晚会经费预算

（略）

思维拓展

你认为江西财经大学法学院的大学生制作的文案怎么样？哪些可以借鉴，哪些还需改进？

相关链接

新中国第一个“五一”劳动节

“五一”国际劳动节，向战友们致敬

思维拓展

1. 如果让你设计一份关于“五一”国际劳动节的手抄报，你准备从哪几个方面入手？

2. 视频《“五一”国际劳动节，向战友们致敬》中都向谁致敬了？为什么要向他们致敬？你觉得还应该向谁致敬？

1.5 红旗之下赞劳动

一、劳动书写新中国历史

（一）百废待兴的新中国建设初期

1949 年 10 月 1 日，中华人民共和国成立。在中国共产党的正确领导下，各族人民精神抖擞、斗志昂扬，建设新中国的热情高涨。新中国成立后的三年国民经济恢复期和第一个五年计划（1953—1957 年）期间国民经济飞速发展。初步建立起独立的比较完整的工业体系和国民经济体系，培养了大批技术人才，为社会主义工业化奠定了初步基础。

随后，中国社会主义建设进入了探索期，直至 1978 年党的十一届三中全会。

（二）改革开放的 40 年辉煌

1978 年中国共产党十一届三中全会确定改革开放，全党全国的工作重点转移到社会主义现代化建设上来。改革开放发展经济顺应了党心民心，掀起了经济建设高潮。尤其是邓小平 1992 年南方谈话以后，中国经济建设帆正风满，1997 年的亚洲金融危机、2008 年的国际金融危机都未能阻挡中国经济发展势头，中国经济一直保持持续、快速、稳定发展。

2018 年我国国内生产总值比上年增长 6.6%，总量突破 90 万亿元，居民消费价格同比上涨 2.1%，城镇新增就业 1361 万人，年末全国城镇登记失业率 3.8%，继续维持在较低水平，经济运行保持在合理区间。同时经济结构不断优化，发展新动能快速成长，改革开放取得新突破，三大攻坚战开局良好，人民生活持续改善。这些成绩为未来中国经济实现高质量发展奠定了坚实基础。

二、新时代的劳动观

（一）劳动最光荣

劳动最光荣

劳动者的光荣，首先体现在劳动者创造的价值上。从飞天的“神舟”，到探索深海的“蛟龙”；从思想深邃的理论著作，到脍炙人口的文学作品；……所有这些伟大的创造，本身就是一枚枚属于劳动者的勋章。

劳动者的光荣，也体现为人类在劳动实践中自身素质的提高。人类在改造自然的劳动实践中，不断认识自然界的客观规律，掌握了运用自然规律进行创造的各种技术和技能。无论是大国工匠，还是专家、院士；不论是种田能手，还是妙手回春的名医，劳动没有高低贵贱之分，任何一份职业都很光荣。我们要在全社会大力弘扬劳动光荣、知识崇高、人才宝贵、创造伟大的时代新风，促使全体社会成员弘扬劳动精神，推动全社会热爱劳动、投身劳动、爱岗敬业，为社会主义现代化建设事业贡献智慧和力量。

新中国成立后，“五一”国际劳动节被正式确定为国家法定节日。七十余年来，中国共产党团结带领广大劳动人民砥砺奋进，依靠“逢山开路，遇水搭桥”的坚强精神和“脚踏实地、齐心协力”的辛勤劳动，取得了中国特色社会主义事业的伟大成就，谱写了中华民族发展史上最为波澜壮阔的篇章。

民族复兴要靠劳动，个人美好幸福生活同样需要靠劳动来创造。世界上没有坐享其成的好事，要幸福就要靠劳动。劳动可以改变个人的命运。古今中外出身贫寒的人通过个人劳动和奋斗最后取得成功的例子不计其数。劳动还可以帮助个人实现自我价值。三百六十行，行行出状元。如同那些身怀绝技的“大国工匠”们，即使是在最普通的岗位上，只要能持之以恒、精益求精，将平凡的工作做到极致和经典，就一定能取得事业的成功，并在劳动中收获幸福和快乐，在劳动中让自己的人生价值得以升华。

（二）劳动最崇高

劳动最崇高

劳动者的崇高，一方面体现在劳动者创造的成就上，如宏伟的三峡大坝、壮观的港珠澳跨海大桥、风驰电掣般奔驰的“复兴号”高铁、威武的“东风”系列导弹；另一方面体现在劳动者的精神境界上，如在抗击新冠疫情中不顾个人安危的逆行者，医护人员的医者仁心，社区工作者的任劳任怨，公安干警的无私无畏，志愿者的默默奉献。所有这些都映照了劳动者的崇高思想境界。人们的职业不同，但只要他能够通过辛勤劳动为社会、为他人做有益的事情，只要他有先人后己、克己奉公的思想境界，他就是一个崇高的人；而那些投机取巧、不劳而获却自以为高明的人，反而是身陷“低级趣味”而不能自拔的人。

劳动最崇高，肯定了劳动者创造的成果，肯定了劳动者自身的价值。只有尊重劳动者的成果，尊重劳动者创造的价值，社会才会不断地取得进步，才会有更多的劳动者崇尚劳模精神和工匠精神。

（三）劳动最伟大

劳动最伟大

劳动者的伟大，首先基于他们劳动创造的伟力。人通过劳动把自然对象转化成为人类生活必需的产品，实现了自然的“人化”，创造了社会财富和文明价值。劳动者的伟大，也来自他们在改造自然的活动中不断觉醒、不断提升的主体性力量。劳动者在劳动中体现了创造的力量，也提升着自己的自觉自主意识。正是这种意识彰显了人类的伟大与价值。黑格尔关于主奴辩证法的论述，已经证明了劳动者的价值。

劳动的最伟大之处，就在于它推动了历史进步，铸就了历史辉煌，绘就了宏伟蓝图。中国改革开放40多年的成果是劳动者创造的，中国在众多领域取得的辉煌成就是劳动者抒写的。“劳动最伟大”，说出了千千万万劳动者的心声。

（四）劳动最美丽

劳动者的美丽，首先是他们内心世界的美丽。劳动者创造了美丽的世界，描绘着绚丽多彩的人间生活，但他们的内心更加美丽。塞罕坝的防护林美丽，那是因为有一代代育林工人的美丽品格支撑了这壮美的景色。越是艰苦的工作越是需要美丽心灵的支撑。抗击疫情中的护士们，虽然被“全副武装”的防护服遮住了脸庞，但他们依然那么美丽，那是因为透过防护服，人们看到了他们美丽的心灵。

劳动最美丽

实干兴邦，劳动最美。“劳动最美丽”是指劳动主体在对象化的劳动实践活动中，通过改变、改造劳动客体而产生的获得感，以及在此基础上对劳动过程和结果所形成的积极的自我感受、自我评价和心理愉悦，并被社会所关注、接受、肯定和认同，赋予其积极、普遍的社会意义，进而升华为人类劳动活动所追求的重要实践形式。“劳动最美丽”在本质上是劳动者基于其劳动实践而实现的美的创造，并通过各种美的劳动形式，彰显劳动者的本质力量和劳动美的价值。

作为新时代的大学生，需要在劳动中提升技能、提高素养、实践创新、身心合一，努力实现人生价值和服务社会价值，深入领会劳动创造人类生活和贡献社会发展的“四最”劳动精神。一是在劳动教育课程中，切实体验劳动所带来的成果和喜悦，建立劳动情感，领会劳动最光荣；二是在社会价值的基础上建立社会性的劳动情感，在造就自己的基础上能够进一步贡献社会和人民，领会劳动最伟大；三是在中华民族优秀传统文化的基础上建立民族性劳动情感，以技能强国振兴中华为己任，领会劳动最崇高；四是在劳动本质的基础上建立根源性的劳动情感，觉悟人类生活因劳动而精彩，领会劳动最美丽。

读案例 “铁路小巨人”——巨晓林

巨晓林，1962年出生，1987年前往中铁电气化局一公司三段铁路工地打工，从此他的一生和铁路电气化建设结下了不解之缘。刚工作那会儿，只是普通农民工的巨晓林看着一张张施工图纸和一个个接触网零部件，就像看天书一样，脑子直发蒙。带他的师傅安慰他："只要下苦功，没有学不会的。"巨晓林就凭着一股实干精神，白天学、晚上学，营地熄灯后还悄悄打着手电筒继续学习。他知道，农民工也应该努力学技术，成为懂行的人。

铁路接触网是一个技术密集型工种，为了掌握其中的技术，巨晓林买了30多本专业书籍，抓紧一切时间学习。功夫不负有心人。有一次，巨晓林和工友们在北同蒲铁路工地进行接触网架线作业，当时每到一个悬挂点都要有人肩扛电线爬上爬下，不仅辛苦，效率也十分低。巨晓林用一个铁丝套挂住滑轮试了试，感觉一下子省了不少劲儿。大家按照他说的办法架线，效率瞬间提高了两倍。自己学到的知识真正在施工中派上了用场，从此巨晓林学习更加努力了。他的工作服口袋里始终装有一个小本子，施工中不管遇到什么问题，他都会马上记下，等有空的时候琢磨。就这样，参加工作30多年，巨晓林写下了近300万字的笔记。更难能可贵的是，虽然只有高中学历，但他编撰出了《接触网施工经验和方法》一书，该书成为接触网工作者的必备工具书，是铁路施工一线的"宝典"。巨晓林先后参加过大秦线、京郑线、哈大线、京沪高铁等10多项国家铁路重点工程建设，从一名普通农民工成长为知识型企业职工的优秀代表、大国工匠，先后荣获改革先锋、全国劳动模范、全国创先争优优秀共产党员等荣誉称号。

思维拓展

1. 巨晓林的行为体现了哪些新时代劳动观？

2. 你身边有没有能体现新时代劳动观的劳动者？

相关链接

新中国70年光辉历程

“二十大”里看劳动

1.6 专题实践

实践活动：农耕劳动体验

为丰富同学们的课余生活，拓宽视野，了解农耕文化，认识常见农具，感受劳动实践的重要性，树立劳动光荣的观念，培养分工合作的劳动能力，班级决定组织全班同学进行一次农耕劳动。

具体安排如下：

（1）以10～12人为一组，各组选出组长1人、副组长2人，组长与副组长全权负责各组的劳动实践活动。

（2）各组分别选择1～2项与农耕劳作相关的任务，包括除草、翻土、栽种树苗、施肥、插秧等（视季节不同确定相应的农耕劳动任务）。

（3）各组选择并熟练掌握农具的使用方法。

（4）在劳动前，各组组长组织全组人员开会讨论任务分工，并具体落实在劳动中，在规定时间内以团队合作的形式完成相应任务。

将活动具体情况填入表1-2中。

相关链接

常用农具

表 1–2　“农耕劳动体验”活动记录表

<table>
<tr><th>小组名称</th><th></th><th>组长</th><th></th></tr>
<tr><td>活动宗旨</td><td colspan="3">学习劳动知识与提高劳动能力，理解团队合作在劳动中的积极作用</td></tr>
<tr><td>活动时间</td><td colspan="3">课下</td></tr>
<tr><td rowspan="3">活动实施</td><td>成员及分工</td><td colspan="2"></td></tr>
<tr><td>活动中的相关问题和解决方法</td><td colspan="2"></td></tr>
<tr><td>总结感悟</td><td colspan="2"></td></tr>
<tr><td rowspan="9">活动评价</td><td>评价主体</td><td colspan="2">全体同学</td></tr>
<tr><td>评价方式</td><td colspan="2">利用智慧课堂“学生评分”功能进行线上评分</td></tr>
<tr><td rowspan="5">评价标准</td><td>评价指标</td><td>分值</td></tr>
<tr><td>活动任务完成情况</td><td>30</td></tr>
<tr><td>对劳动工具的掌握情况</td><td>30</td></tr>
<tr><td>组员的分工和配合情况</td><td>20</td></tr>
<tr><td>参与活动的积极程度</td><td>20</td></tr>
<tr><td>得分</td><td></td><td></td></tr>
</table>

专题 2 美好生活劳动来——劳动精神

学习目标

素质目标：树立崇尚劳动、热爱劳动的劳动价值观，体会辛勤劳动和诚实劳动才能赢得生命的尊严。

知识目标：认识劳动精神，理解劳动精神的内涵，体会劳动精神的价值。

能力目标：善于发现和欣赏身边的最美劳动者，在学习和工作中能够践行劳动精神。

思维导图

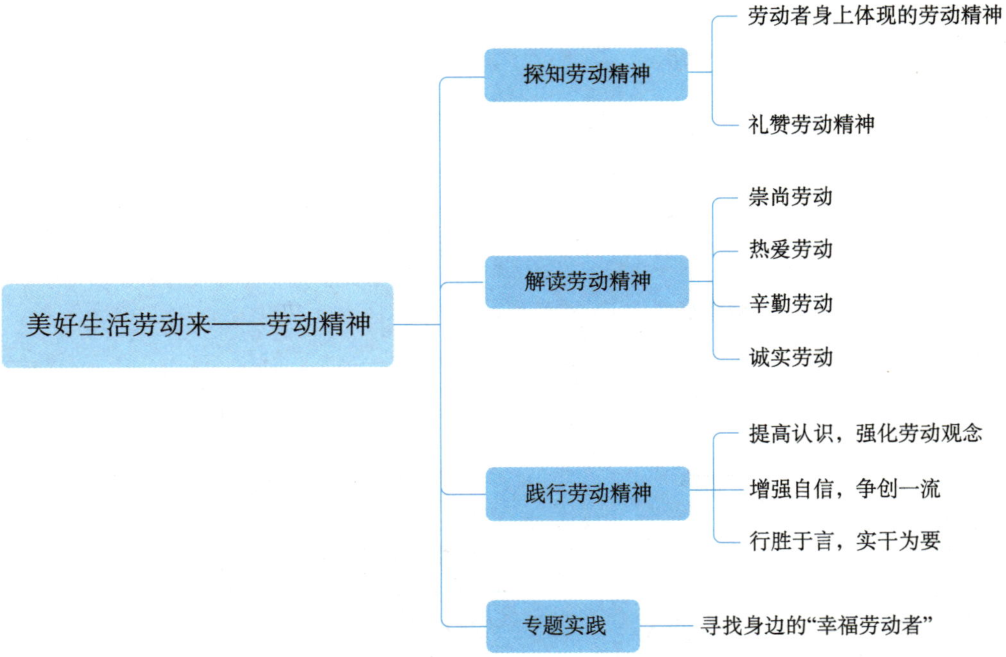

专题导读

劳动精神是指崇尚劳动、热爱劳动、辛勤劳动、诚实劳动的精神。新时代弘扬劳动精神，对于实现中华民族伟大复兴，全面建设社会主义现代化国家，培育担当民族复兴重任的时代新人，具有重大现实意义和深远历史意义。

自思自检

Q1：你知道劳动精神包含的内容吗？

A:____________________

Q2：你身边是否有值得你学习的“最美”劳动者？

A:____________________

Q3：你觉得“最美”劳动有没有岗位贵贱之分？

A:____________________

Q4：你在日常的生活、学习和工作中对劳动精神践行的如何？

A:____________________

2.1　探知劳动精神

一、劳动者身上体现的劳动精神

走近最美劳动者

劳动精神是劳动者为创造美好生活而在劳动过程中秉持的劳动态度、劳动理念及展现出的劳动精神风貌。

烈日炎炎，农民在田野间劳作，汗珠砸在泥土上，一株株秧苗结出沉甸甸的粮食。

天寒地冻，外卖小哥骑着电动车在大街小巷穿梭，头盔染上了白霜，保温箱里的饭菜还是热气腾腾。

冬去春来，老师始终站在三尺讲台，陪着孩子们慢慢长大。花开花落，科技工作者一直守在实验室，验证一个个奇思妙想……

日复一日，年复一年，在中华大地上，千千万万个劳动者，耕耘着、创造着，用汗水和心血浇灌劳动的果实，实现人生的价值。这些都是劳动精神的真实写照。

图 2-1 所示不同工作岗位上的劳动者奋斗的画面给了我们什么启示？

（a）菜贩：我喜欢蔬菜清新的味道

（b）环卫工人：我想用扫把清洁美丽的星球

（c）电台主持：愿我的声音能带给您温暖

（d）教师：国家因我而多了一批栋梁

（e）程序员：我让互联网富有生命与活力

（f）服装店销售员：我为这些漂亮的衣服找到最适合它的主人

（g）按摩师：缓解您的疲劳是我最大的愿望

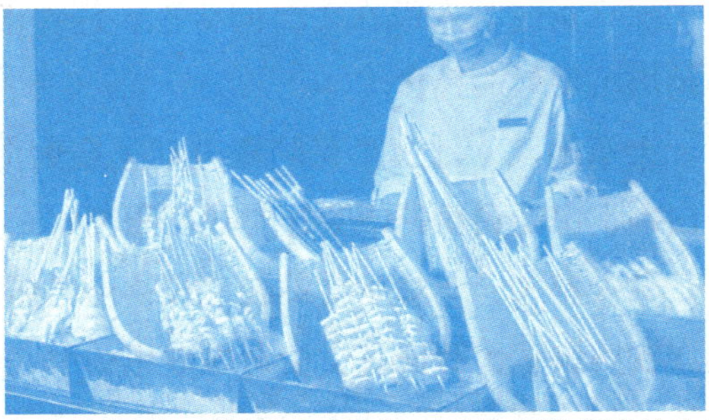

（h）烧烤师傅：我烤的不是肉，而是有滋有味的人生

（i）高铁司机：火车和铁轨之吻是世界上最动听的声音

（j）交警：我的指挥让车流变得有序

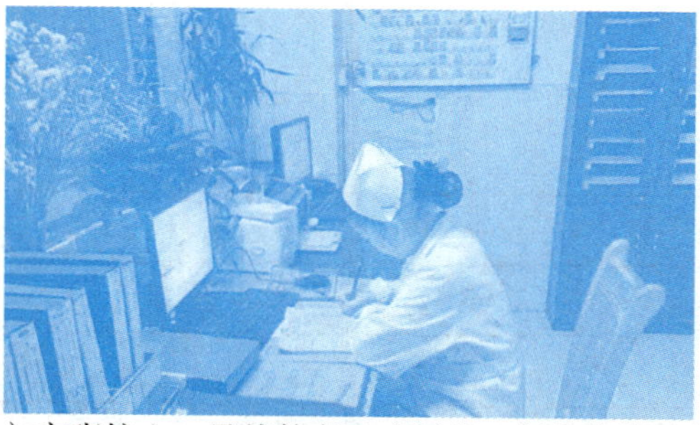
（k）夜班护士：虽然熬夜已成习惯，但我依然希望保有美丽的人生

（l）夜班的哥：在黑夜中与您共享归途

图 2-1 不同工作岗位上的劳动者奋斗的画面

启示：

小到个人的衣食住行，大到国家的重大项目建设，我们每天的日常生活与社会运行都离不开各行各业劳动者的辛勤劳动。劳动没有高低贵贱之分，只是社会分工不同，劳动内容不同。我们每个人在用劳动服务他人的同时，也在享受他人提供给我们的劳动。每个普通的、平凡的劳动者都值得我们尊重。劳动者身上"崇尚劳动、热爱劳动、辛勤劳动、诚实劳动"的劳动品质和精神风貌正是我们追寻的劳动精神。

二、礼赞劳动精神

劳动是人类赖以生存和发展的首要前提。劳动创造了人类本身，劳动创建了人类生活，劳动创设了社会关系，劳动创就了美。劳动是财富的源泉，也是幸福的源泉。劳动满足了人们对于温饱的需要，也提升了生活品质，更缔造了人类的幸福。

劳动精神是美好生活的原动力。劳动精神激励人民群众用自己的双手创造出物质财富和精神财富，劳有所得，劳有所获。劳动是促进人的全面发展的根本手段和途径。

在我国，劳动精神彰显了制度优势，体现了社会主义制度的鲜明特色。我国建立了以公有制为主体的经济制度，确立了劳动者的主人翁地位，实行以按劳分配为主体、多种分配方式并存的分配制度，坚持效率与公平的有机统一，极大地调动了劳动者的积极性，体现了中国特色社会主义制度的优越性。

劳动精神是助力中国梦，实现中华民族伟大复兴的强大精神动力。劳动精神的培育，将促使广大群众充分认识与实现中华民族伟大复兴的中国梦的进程中劳动的意义和价值，认识每一位劳动者都是追梦者，更是圆梦者，勇于以辛勤劳动、诚实劳动、创造性劳动投入到伟大中国梦的实现之中。

思维拓展

1. 你心中的劳动精神是什么？

2. 你最熟悉的赞美劳动精神的名言是什么？

相关链接

劳动者们努力工作的原因

感谢生活，致敬每一位奋斗者

2.2 解读劳动精神

劳动精神是劳动的本质属性，是对普通劳动者工作状态的基本要求，是人们在劳动过程中所表现出来的一种积极状态。

在不同的社会形态下，由于对劳动的理解不同，劳动精神的内涵也有差异。新时代赋予了劳动精神更深刻的内涵，劳动精神一方面体现了“劳动”本身，另一方面超越了“劳动”本身，是劳动认知和劳动体验的有机结合。崇尚劳动、热爱劳动、辛勤劳动、诚实劳动的劳动精神，是劳动者劳动意识、劳动理念、劳动态度、劳动习惯的集中展示。

解读劳动精神

一、崇尚劳动

崇尚劳动是指对劳动的尊重和推崇，这是价值层面的高度认同。劳动是一切成功的必经之路，把崇尚劳动作为全社会弘扬劳动精神的重要一环，既是对劳动者社会地位的重要表达，也是对劳动独特作用的权威认定。

名人语录

劳动永远是人类生活的基础，是创造人类文化幸福的基础。

——马卡连柯

中华民族自古就是崇尚劳动的民族。从“晨兴理荒秽，带月荷锄归”的耕作，到“女郎剪下鸳鸯锦，将向中流匹晚霞”的纺织，再到“六月调神曲，正朝汲美泉”的酿造……古往今来，对劳动的赞歌绵延不绝。

“青春激情绘理想，攀科学高峰为祖国争光。机器轰鸣马达响，云霓织成锦绣万里长。麦浪滚滚牛羊壮，丰收的歌声传遍四方……”建党百年前夕，庆祝中国共产党成立 100 周年文艺演出《伟大征程》，令观众久久难忘。劳动的光荣、崇高、伟大与美丽，凝聚在唱词里，也驻留在人们的心间。

一个时代无论处在何种历史方位，一个国家、一个社会无论内外条件如何变化，崇尚劳动都应是永恒的主题。劳动最光荣，劳动最崇高，劳动最伟大，劳动最美丽。在中国共产党的领导下，中国人民愈发崇尚劳动。

因为崇尚劳动，我们有着“咱们工人有力量”的豪迈，有着“天不怕地不怕，风雪雷电任随它”的勇气，有着“紧摇桨来掌稳舵，双手赢得丰收年”的底气，有着“人们在明媚的阳光下生活，生活在人们的劳动中变样”的自信。

因为崇尚劳动，我们对每位劳动者都充满敬意。当耄耋之年的袁隆平又一次走进稻田，察看水稻长势；当钟南山挤进火车餐车，奔赴武汉抗疫前线；当张定宇拖着正在萎缩的双腿，在病房里奔走；当张桂梅伸出贴满膏药的双手，鼓励她的学生……谁人不曾感动？

二、热爱劳动

热爱劳动是指满腔热忱地去从事人类创造物质财富和精神财富的活动，将对劳动的价值认同转化为劳动热情，这是情感层面的强烈表达。劳动者基于对劳动的热爱，才能最大程度地发挥聪明才干，提高劳动效率，进而体会自我价值实现的满足与喜悦。人民群众只有坚守热爱劳动的价值观念，继承和发扬热爱劳动的优良美德，才会心甘情愿地接受劳动，实现由“要我劳动”到“我要劳动”的转变。中华儿女要用足够的劳动热情迎接中国梦的实现和美好未来的到来，为民族振兴、国家富强和人民幸福而奋斗。

> **名人语录**
>
> 知之者不如好之者，好之者不如乐之者。
>
> ——《论语·雍也篇》

热爱劳动，就是要爱岗敬业。“爱岗”的价值在于“做事”，“敬业”的意义在于“奉献”。清洁工人爱岗敬业，换来了我们生活环境的干净美丽；产业工人爱岗敬业，换来了企业不断发展，为富民强国提供了雄厚的物质基础。从两弹一星到嫦娥探月，从第一艘潜艇到蛟龙入海，从杂交水稻到基因组芯片，从第一代计算机银河到今天的互联网大数据，这是无数劳动者爱岗敬业、辛勤劳动的成果。

热爱劳动，就是要干一行爱一行。劳动没有高低贵贱之分，不论身处哪个行业，只要干一行、爱一行、钻一行，就能够在平凡的岗位上取得不平凡的成绩。在工厂车间，就要弘扬‘工匠精神’，精心打磨每一个零部件，生产优质的产品；在田间地头，就要精心耕作，努力赢得丰收；在商场店铺，就要笑迎天下客，童叟无欺，提供优质的服务。

热爱劳动，不仅仅是对劳动成果的美好向往，更体现在遇到阻力、挫折时的坚持与奋斗。一个人要达到事业、人生的顶点，必定要经历一系列磨难，磨炼意志、提高自己。每克服一个困难，自身的水平就上升到一个新的高度，同时距离成功就又近了一步。

三、辛勤劳动

辛勤劳动是指辛辛苦苦、勤勤恳恳地从事生产劳动，是实践过程中的行动状态。辛勤劳动是劳动精神的现实要求，在行动中体现为对工作的坚持不懈与积极努力，对职业的崇尚敬重，在工作中的认真负责、实事求是。辛勤劳动是能否真正具备劳动精神的试金石。

名人语录

伟大的成绩和辛勤劳动是成正比的，有一分劳动就有一分收获，日积月累，从少到多，奇迹就可以创造出来。

——鲁迅

勤劳是中华民族的优良传统和美德。从愚公移山、大禹治水的躬亲劳作，到悬梁刺股、焚膏继晷的寒窗苦读，无不勉励后人要秉持勤奋的精神，不断学习和自我提升，为社会贡献自己的价值。社会主义是干出来的，只有通过劳动才能开创未来，只有通过奋斗才能实现梦想。弘扬劳动精神，不仅要肯定辛勤劳动，更要践行辛勤劳动，反对一夜暴富和不劳而获等错误思想。

功崇惟志，业广惟勤。三峡工程竣工、青藏铁路通车，南水北调、西气东输，“嫦娥”飞天、“蛟龙”潜水……每个“中国奇迹”的背后，都是众多劳动者经年累月辛勤奋斗的结果。民生在勤，勤则不匮。农民用四季的辛勤耕耘，换来秋天的丰收喜悦；工人们用日复一日的辛勤劳作，生产出质优价廉的产品；老师们用年复一年的辛勤教学，获得桃李满天下的累累硕果。

相关链接

城市因你而焕发光彩

致敬每一个平凡而伟大的劳动者

名人语录

千教万教教人求真，千学万学学做真人。

——陶行知

四、诚实劳动

诚实劳动是言行一致、脚踏实地、诚实守信的劳动行为，是境界层面的行动准则。诚实劳动是劳动精神的立足基点。诚实劳动就是忠实于自己的职业与事业，信守自己应承担的义务和责任。诚实劳动是职业道德建设的重点，是现代公民应有的职业品质，也是广大劳动者的共同认知和自觉行动。

人世间的美好梦想，只有通过诚实劳动才能实现；发展中的各种难题，只有通过诚实劳动才能破解；生命里的一切辉煌，只有通过诚实劳动才能铸就。诚实劳动不仅关乎劳动价值，更关乎道德底线，影响人民的生活和生命。不讲诚信的劳动，与我们优秀的传统文化相违背，与社会主义核心价值观相背离，甚至会成为危害社会的行为或违法犯罪行为。

以诚为先、以诚为重、以诚为美，这是劳动应有之义。在别人看得见的地方要诚实劳动，在别人看不见的地方也要诚实劳动。经商需要诚实，竞技体育需要诚实，科学研究、文艺创作也需要诚实……我们崇尚劳动、尊重劳动，就要诚实地付出劳动、从事劳动。

读案例

案例 1　白求恩制造“卢沟桥”

1938 年 1 月，白求恩来到中国，就马上赶往抗日前线的战地医院。当时，战斗激烈，条件艰苦，前线医院缺乏大量的药品和医疗器械。

“我们自己动手干！”，白求恩斩钉截铁地说。当地的军民都被动员起来，大家忙着粉刷病房，制作简易床和工作服。

夜深人静，白求恩又伏在他那张简陋的工作台上反复思考着：医疗队大量的药物和手术器械要由牲口驮运。怎样才能使药瓶子不会撞碎或者打翻呢？他为此熬了好几个通宵，终于画出了草图，和工人们一起动手制作。

白求恩笑着说：“一个战地医生，应该学会木工和铁匠的手艺，才能根据伤员的需要改进医疗设备。”很快，一种特制的简易药架子制成了，因为形状像一座桥，白求恩诙谐地称它为“卢沟桥”。

案例 2　范玉恕：老老实实做人，结结实实盖楼

范玉恕，中共党员，原天津三建建筑工程有限公司的项目经理、副总工程师。范玉恕把工程质量视为生命。他常说：“建筑工人讲诚信，最根本的是要确保工程质量”“盖房子，就得对国家负责，让老百姓放心”“只有老老实实做人，结结实实盖楼，才上不愧党的培养，下不愧人民的信任”。

作为项目经理，他始终坚持“四个一样”，即大事小事一个样、外露工程和隐蔽工程一个样、分内事和分外事一个样、有要求和没要求一个样。厕所和浴室的下水管漏水是工

程质量的通病，是最让用户烦心的事。范玉恕对解决这些质量通病特别精心。他选派技术较高的工人并加上有效的技术措施，使每个地漏都高矮合适，厕所、浴室里的水都排得干干净净。1999 年，范玉恕负责的所有工程的质量全部优良，创造出天津建筑史上的“四个第一”，两次获得全国建筑行业最高奖——鲁班奖，被誉为“群众信得过的建房人”。

范玉恕建造普通民宅坚持对人民负责，做其他工程也是一样。2004 年 6 月，天津三建一举中标北京奥体中心运动员公寓工程，范玉恕再次被任命为项目经理。他把主持这一奥运工程，当作了自己建筑生涯的新起点和提升点。他说：“干奥运精品工程，没有创新精神绝对干不成。必须坚持理念、手段和技术创新。”从开工起，他就精心带领项目班子及全体参建人员，认真制定科学的施工方案，全方位、全过程地贯彻质量目标，建立健全质量保证体系，强化完善一系列质量控制责任制度。最终，该工程主体荣获北京市建筑工程质量最高奖——“长城杯”金奖。

幸福源自奋斗，成功在于奉献，平凡造就伟大。如今，范玉恕已退休多年，但他积极发挥道德模范的引领作用，经常给企业提出合理化建议，抽出业余时间深入重点工程进行指导，在公司道德讲堂给青年施工管理人员讲授专业知识和敬业精神，将自己做人做事的理念毫无保留地传授给他人。

案例 3　海尔砸冰箱的故事

1985 年，海尔集团创始人张瑞敏刚到海尔（时称青岛电冰箱总厂）。一天，一位朋友要买一台冰箱，结果挑了很多台都有毛病，最后勉强拉走一台。朋友走后，张瑞敏派人把库房里的 400 多台冰箱全部检查了一遍，发现共有 76 台存在各种各样的缺陷。张瑞敏把职工们叫到车间，问大家怎么办？多数人提出，也不影响使用，便宜点儿处理给职工算了。当时一台冰箱的价格 800 多元，相当于一名职工两年的收入。

张瑞敏说：“我要是允许把这 76 台冰箱卖了，就等于允许你们明天再生产 760 台这样的冰箱。”他宣布，这些冰箱要全部砸掉，谁干的谁来砸，并抡起大锤亲手砸了第一锤。很多职工砸冰箱时流下了眼泪。然后，张瑞敏告诉大家——有缺陷的产品就是废品。

砸冰箱一事使所有员工树立了严格的品质意识，有不良就是不良品，没有等级之分，目标只有一个就是没有不良，最终达到“零缺陷”“高标准”。

海尔砸冰箱的启示：质量是企业的生命，诚信经营是企业生存的基础。有什么样的领导人，就有什么样的公司，你的公司就能走多远。领导人不要以小利而毁掉企业文化和社会地位，要用更长远的眼光看问题。

案例 4　故宫修复师王津：择一事，“钟”一生

1977 年，王津来到故宫博物院文保科技部从事文物钟表修复与保护工作，与此同时，

故宫第一代钟表修复师徐文磷的儿子、第二代钟表修复师徐芳洲正式退休。站在徐芳洲先生的工作台前，摩挲着对方留下的工具，王津静下心来，对抗时间在钟表上留下的痕迹，成为一名“修复时间”的“魔法师”。师从钟表修复师马玉良，并且经过多年的苦心钻研，王津掌握了精到的修复技法。择一事，“钟”一生。王津在多次演讲中这样概括自己的职业生涯。

44年来，王津修复的各类文物钟表多达300多件，包括最为复杂的数十件馆藏钟表一级文物。为了传承这项传统技艺，他还主持完成了多项课题任务，悉心教徒弟、传帮带。在王津看来，钟表修复比较枯燥，修好一件馆藏古钟，耗时少则两个月、多则一年，只有真正喜爱这项事业的人，才可能耐得住寂寞。

“我们特别想做得精益求精，把文物恢复到最好的状态，清理到最干净，让它延年益寿，再过200年还能看到它。”这是王津对自己的职业要求，打碎的齿轮要一点点组装，锈住的零件要用煤油一点点浸泡，把每一道工序、每一次修复都做到极致。让时光留下痕迹的钟表重新绽放光彩，王津和他的徒弟们用时光对抗时光，用极致、坚守致敬前辈的工匠精神。

思维拓展

1. 读完上面4个案例，案例中各人物身上分别体现怎样的劳动精神？

____

____

____

____

____

____

2. 对照劳动精神，你身上最欠缺的是哪种精神？

____

____

____

____

____

____

2.3 践行劳动精神

一、提高认知，强化劳动观念

思想是行动的先导。思想决定着一个人的行动，积极的思想会产生积极的行动。如果一个人的内心非常积极，表现出来的就是坚持、投入和认真。所以践行劳动精神，首先要从内心认同劳动的价值，理解弘扬劳动精神的意义。

践行劳动精神

劳动创造世界，劳动改变未来，劳动成就美好生活，劳动点亮智慧人生，劳动是一切幸福的源泉。热爱劳动才能热爱生活，才能感受生活的温暖。

劳动精神体现了中国精神，是中华民族精神的标尺，能为大学生固本立魂提供精神支持，为大学生勤奋学习提供精神动力。弘扬劳动精神，能够培养大学生的爱国情怀，促使大学生具有爱国之志、报国之情，成为建国之才。弘扬劳动精神，能够培养大学生创新发展的时代精神，促使大学生学习劳动知识、掌握劳动技能，开发创造潜力，成为知识型、技能型、创造型的高素质劳动者。弘扬劳动精神，能够培养大学生的团结精神、奋斗精神、梦想精神，促使大学生在筑梦、逐梦、圆梦的过程中，把个人梦与中国梦相结合，实现人生幸福和对美好生活的追求。

名人语录

劳动是人类存在的基础和手段，是一个人在体格、智慧和道德上臻于完善的源泉。

——乌申斯基

二、增强自信，争创一流

一个人要有充分的自信。俗话说，三百六十行，行行出状元。每一个行业都有出色的人才，都可能做出出色的成绩。天生我材必有用，自信是成功的第一秘诀，要以积极自信的心态投入到工作中。

要爱岗敬业，只有热爱自己的本职工作，在工作上具有上进心、进取心，愿意将自己的工作做好，对自己的工作尽心尽力，全力以赴，才能取得一流的成绩，在工作中感受乐趣，感受快乐，才会产生幸福感、荣誉感和成就感。

名人语录

只有满怀自信的人，才能在任何地方都怀有自信沉浸在生活中，并实现自己的意志。

——高尔基

要争创一流，不想当将军的士兵不是好士兵，不想成为劳模的劳动者不是好劳动者。在工作中要细心严谨、不断琢磨、创新创优。坚持“争创一流”的劳动目标，就能做到孜孜不倦地学习、勤奋认真地干事，对自己的工作如痴如醉、精益求精，不断创造佳绩。

三、行胜于言，实干为要

没有挥洒过劳动的汗水，没有体会过劳动的艰辛，就很难真正理解劳动的内涵、珍视劳动的成果。

做人做事，最怕的就是只说不做，眼高手低。行胜于言，实干为要。实干是联通“知”与“行”的桥梁，一“实”当先可以胜过百“巧”。幸福不会从天而降，梦想不会自动成真。实现我们的奋斗目标，开创我们的美好未来，必须依靠辛勤劳动、诚实劳动、创造性劳动。

“空谈误国，实干兴邦”，实干就要脚踏实地地劳动，尽自己所能爱岗敬业，实现自己的人生价值。当老师，就要心无旁骛，甘守三尺讲台，“春蚕到死丝方尽，蜡炬成灰泪始干”。做研究，就要甘于寂寞，或是皓首穷经，或是扎根实验室，“板凳要坐十年冷，文章不写一句空”。搞创作，就要坚持以人民为中心的创作思想，深入实践、深入群众、深入生活，努力创作出人民群众喜爱的精品力作。做好做实每一件小事，再平凡的岗位也能释放出无穷的光和热。

名人语录

凡事都要脚踏实地去做，不驰于空想，不骛于虚声，而唯以求真的态度做踏实的功夫。以此态度求学，则真理可明，以此态度做事，则功业可就。

——李大钊

读案例

案例 1 崇尚劳动、礼赞创造

——实现奋斗目标，开创美好未来，必须依靠辛勤劳动、诚实劳动、创造性劳动

初冬的北京，已有阵阵寒意。晚上 7 点多，顺丰北京石头胡同营业站“快递小哥”刘阔还忙着在网点装车、发货。

“忙啊！刚刚过了‘双 11’，现在每天收派快递约 300 件。从早上 7 点多一直忙到现在。”

虽然辛苦，但刘阔似乎有使不完的劲儿。“习总书记把我们比作‘勤劳的小蜜蜂’，特别形象，我们心头暖暖的。”

2019 年 2 月，农历春节来临之际，习近平总书记在北京市考察，在一个快递服务点看望仍在工作的“快递小哥”，同他们亲切握手，询问工作生活情况，并祝他们春节快乐。总书记指出，“快递小哥”工作很辛苦，起早贪黑、风雨无阻，越是节假日越忙碌，像勤

劳的小蜜蜂，是最辛勤的劳动者，为大家生活带来了便利。

劳动是推动人类社会进步的根本力量。

“桥吊作业好比是在高空‘穿针引线’。”宁波舟山港北仑第三集装箱码头有限公司桥吊班大班长竺士杰说。在40多米的高空，面对复杂多变的天气和规格不一的船型，他和他的班组总能快速而准确地完成集装箱装卸。

从一名技校生到全国劳模，从独创高效率桥吊操作法到带动团队一同创新……工作20余年来，竺士杰用持之以恒的坚守和精益求精的追求，诠释了平凡岗位上的劳动精神。幸福不会从天而降，梦想不会自动成真。实现我们的奋斗目标，开创我们的美好未来，必须紧紧依靠人民、始终为了人民，必须依靠辛勤劳动、诚实劳动、创造性劳动。

案例2 鲜花因汗水而绽放，事业因奋斗而勃兴

2020年1月24日（农历大年三十）开始，郑州圆方集团党委书记薛荣的日程上就只剩两个字：抗疫。

正月初五，圆方集团党委紧急召开视频会议，仅半天，就组织了近500人的党员突击队。2月12日，薛荣带领一批党员突击队员逆行驰援湖北省十堰市人民医院。

“我们党员突击队中既有一线的保洁员，有党务工作者，有月嫂，还有写代码的程序员。有人为了节省一件防护服，申请多工作几小时；有人为了节省时间，索性住在医院里。”谈及奋斗在一线的员工，薛荣几度哽咽。

4月30日，习近平总书记给郑州圆方集团全体职工回信，希望广大劳动群众坚定信心、保持干劲，弘扬劳动精神，克服艰难险阻，在平凡岗位上续写不平凡的故事，用自己的辛勤劳动为疫情防控和经济社会发展贡献更多力量。

每当深入基层调研，习近平总书记总是深深牵挂着广大职工和劳模的生产、生活，同普通职工和劳动模范代表进行近距离交谈，对他们嘘寒问暖，关心他们的生活。

2017年4月，习近平总书记在广西考察，看望北海市铁山港公用码头现场作业的工人们。正在现场作业的码头工人看到总书记来了，激动地围拢过来向总书记问好。习近平总书记同他们亲切握手，勉励他们爱岗敬业、争创一流，树立和展示当代工人阶级良好形象。

劳动最光荣、劳动最崇高、劳动最伟大、劳动最美丽。2018年4月30日，习近平总书记回信勉励中国劳动关系学院劳模本科班学员时强调指出，全社会都应该尊敬劳动模范、弘扬劳模精神，让诚实劳动、勤勉工作蔚然成风。

谆谆话语，殷殷嘱托，焕发奋斗激情，指明前进方向，激发起亿万中华儿女为“两个一百年”奋斗目标贡献更大力量。

案例 3　冬奥顺利闭幕，为这些“幕后英雄”点赞

2 月 20 日，热“雪”沸腾的北京冬奥顺利闭幕，除了为国争光的奥运健儿，赛场之外，每一位为冬奥会付出努力的志愿者、医生、赛事保障员、新闻记者、安保人员、环卫工人……以及所有为冬奥会默默奉献的工作人员，都值得我们为之鼓掌和骄傲，都值得敬佩和赞美。他们是这个冬天最温暖的“雪花”，也是应该被看见的“幕后英雄”（见图 2-2）。

图 2-2　冬奥会的“幕后英雄”

思维拓展

1. 通过上面案例，你认为践行劳动精神最直接的表现是什么？

2. 你身边哪些人是劳动精神的优秀践行者？

2.4 专题实践

实践活动：寻找身边的“幸福劳动者”。

在我们身边，有很多普通岗位上的劳动者，农民、工人、教师、快递员、外卖员、清洁工、按摩师、交警、的哥、程序员、工程师、作家、科学家等。他们很平凡，但却凭着一份坚持，依靠不懈的奋斗，过上了属于自己的幸福生活，甚至成就了自己的多彩人生。

请以小组为单位寻找身边至少 3 个行业的“幸福劳动者”，采访他们的劳动故事，了解他们是如何通过劳动收获幸福的，将寻找和采访过程制作成 PPT 或微视频分享给班级同学，并填写表 2-1。

相关链接

小区物业人的劳动

礼兵本色

为了春回大雁归

平凡的一天

表 2-1　“幸福劳动者”访谈记录表

小组名称		组长	
活动宗旨	了解不同岗位上平凡劳动者的劳动过程，感悟劳动精神		
活动时间	课下		
活动实施	成员及分工		
	访谈对象简介		
	访谈内容		
	总结感悟		
活动评价	评价主体	全体同学	
	评价方式	利用智慧课堂“学生评分”功能进行线上评分	
	评价标准	评价指标	分值
		访谈对象是否具有代表性	30
		访谈内容是否翔实，记录是否清晰	30
		总结感悟与自身结合是否贴切	20
		记录形式是否有创新	20
	得分		

专题 3 功成还需有匠心——工匠精神

学习目标

素质目标：传承执着专注、精益求精、一丝不苟、追求卓越的工匠精神，树立“劳动不分贵贱，行行出状元”的意识，激发匠心筑梦的斗志。

知识目标：了解工匠的起源，认识工匠精神的基本内涵，理解工匠精神的价值。

能力目标：在学习和工作中能够践行工匠精神，以工匠精神为指引做好人生规划。

思维导图

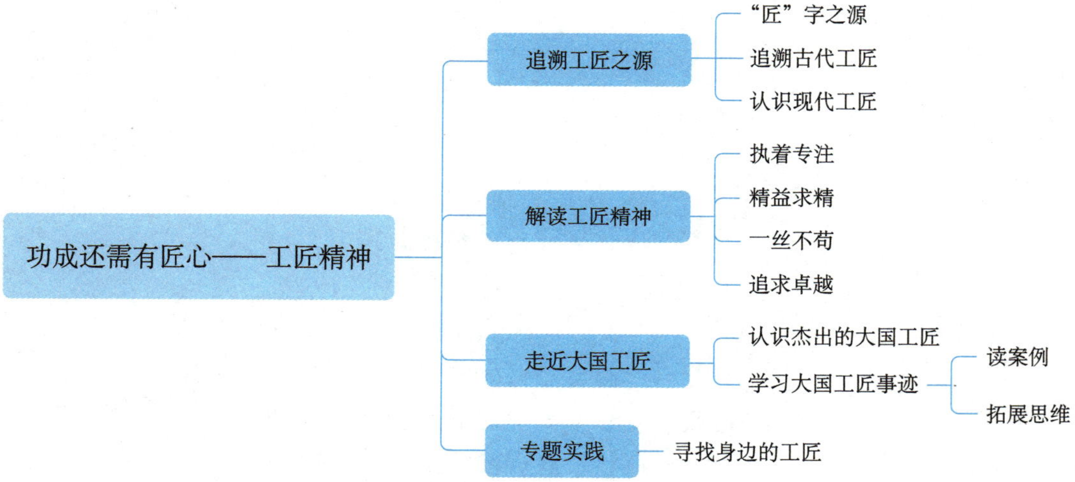

专题导读

工匠指的是专注于某一领域，全身心投入，精益求精、一丝不苟地完成产品研发或加工的手工艺人。工匠精神本意是指手艺工人对产品精雕细琢、追求极致的理念，即对生产的每道工序和产品的每个细节，都精益求精、力求完美。在劳动教育中，工匠精神被引申为一种职业精神，是职业道德、职业能力和职业品质的体现，是从业者的职业价值取向和行为表现。工匠精神是中华优秀传统文化的重要组成部分，也是推动我国质量强国建设的精神特质。

自思自检

Q1：你知道“匠”字是什么意思吗？

A：____

Q2：你知道的大国工匠有哪些？

A：____

Q3：工匠离我们是不是很远呢？

A：____

Q4：你认为你能成为一名工匠吗？

A：____

3.1 追溯工匠之源

一、“匠”字之源

《说文解字》对“匠”字的解释是：匠从匚，从斤。匚指盛放工具的筐器，斤指斧头，合到一起就是工具筐里放着斧头等工具。“匠”的本义是指木工，后称技术工人都为“匠”，如“铁匠”“花匠”“石匠”。

解读工匠

《韩非子·定法》中有“夫匠者手巧也”，就是描述拥有某项熟练技巧，从事传统手工艺的工作者。在某方面有特殊造诣、技艺灵巧、构思巧妙的人，都被尊称为“匠人”或“工匠”。

二、追溯古代工匠

千百年来，一些匠人凭借他们杰出的智慧、精湛的技艺、非凡的创造，为后世留下了丰富的物质遗产和宝贵的精神财富，被后世尊为鼻祖、祖师，受到世人的尊敬和崇拜。

表 3-1 列出了中国古代部分工匠及其主要成就。

表 3–1 中国古代部分工匠及其主要成就

序号	称号	姓名	主要成就
①	中国土木工匠始祖	鲁班	创制云梯，发明锯子、刨子、曲尺、墨斗等
②	卧龙先生	诸葛亮	发明木牛流马、孔明灯，改造出威力巨大的诸葛连弩
③	著名桥梁工匠	李春	建造了举世闻名的赵州桥，开创了中国桥梁建造的崭新局面，为中国桥梁技术的发展做出了巨大贡献
④	女纺织技术家	黄道婆	教人制棉，推广搅车、弹棉弓、纺车等器具，传授“错纱配色”等技术
⑤	明代建筑匠师	蒯祥	天安门城楼的设计者
⑥	中国古代铸剑鼻祖	欧冶子	著名的铸剑师，铸造湛卢、巨阙、纯钧、鱼肠等名剑

相关链接

鲁班　　诸葛亮　　李春

黄道婆　　蒯祥　　欧冶子

三、认识现代工匠

《现代汉语词典》对“工匠”的解释是“手艺工人”或“手工艺人”，指具有专门技艺特长的手工业劳动者，也包括技术工人或普通熟练工人。简单地说，工匠就是有工艺专长的匠人。工匠常专注于某一领域，针对这一领域的产品研发或加工过程全身心投入，精益求精、一丝不苟。

2015 年，中央电视台新闻频道推出系列节目《大国工匠》，讲述了一群在不同岗位上的劳动者用自己的灵巧双手匠心筑梦的故事。有号称“顾两丝”的顾秋亮，有被同行称为“鼻祖”的和谐号首席研磨师宁允展……“大国工匠”一词已成为对技术工人的最高褒奖。

读案例　“大国非遗工匠”潘启慧

过去两三个月，72 岁的中国工艺美术大师潘启慧没有那么忙，不过也没有闲着。他保持着每天坚持练字、画画的习惯，还雕刻了《送瘟神》诗二首和一幅疫情帖。他以《送瘟神》诗二首为内容制作了一枚 5 厘米宽、8 厘米高的随形印章，60 字的疫情帖则被一字一字地雕刻在一块米粒大小的猛犸牙片上。

5 月的重庆，阳光下流淌着夏天的热烈气息。位于璧山区秀湖水街的“非遗小镇”，游人慢慢多了起来。潘启慧早早地来到隐藏在一座仿古建筑中的“精微艺术馆”。“做生意要选‘当道’的门面，我搞创作需要清静。”潘启慧说。

从小酷爱写毛笔字和画画的潘启慧，曾是一家三线企业子弟学校的体育老师，1972 年开始跟随一位民间艺人学雕刻。老师没多久就过世了，潘启慧就凭着刚刚学到的一些皮毛慢慢摸索。那时经常停电，但潘启慧每天晚上的练习雷打不动，就算在煤油灯下也要练到晚上 11 点。白天稍微得点空闲，他也会下意识地拿出“道具”抓紧练。5 年过后，他已经能在不到 1 平方厘米的区域内刻 500 多个字了。

以前的微刻作品基本上都是素色，潘启慧觉得“有颜有色”更精致，于是自制宝塔形画笔，尝试为微刻作品着色，现在这已经成了他在微刻领域的多项“绝技”之一。

2005 年，一个朋友送来一把手指长的袖珍琵琶。看着色泽光亮的无弦琵琶，潘启慧脑海里突然跳出白居易的《琵琶行》。“能不能给这把琵琶配上刻有《琵琶行》的弦？”他找来几根白发当弦，自己打磨出和头发丝一样细的刻刀。头发丝的直径一般是 0.07 毫米，刻刀的刀刃宽度只有 0.01 毫米，“呼吸和脉搏都有影响”。反反复复不知多少次，潘启慧终于在 4 根白发上完成了《琵琶行》，全诗加上落款，一共 630 个字。

为了把“琵琶行”做得更加精美，潘启慧又邀请了 10 位中国工艺品大师，将燕京八绝中的景泰蓝、玉雕、金漆镶嵌等原材料融合到一件名为《金弦微刻·燕京八绝·白居易琵琶行》的作品中。作品的主体是一把长约 12 厘米，以 4 根直径 0.1 毫米、长不到 3 厘米的金丝为弦的微型琵琶，如图 3-1 所示。这意味着平均每平方毫米内要刻下 6 个繁体字。这件花了两个多月、废掉了几十根金丝的作品，2014 年获得中国工艺美术大师精品博览会金奖。

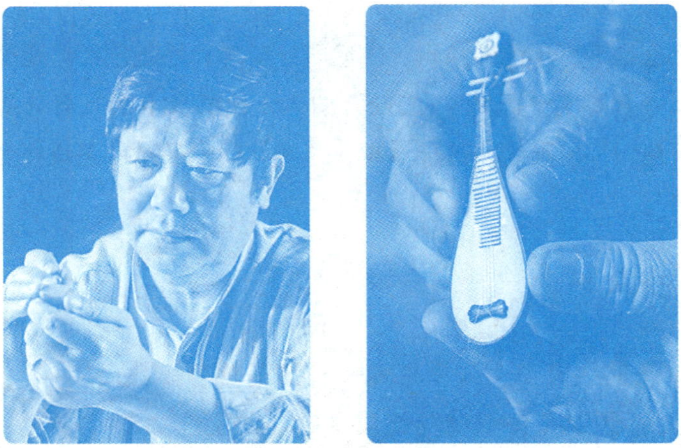

图 3-1　4 根白头发丝上微刻《琵琶行》

潘启慧的微刻创作，唯一不变的就是“求变”。他在长 5.29 厘米、宽 0.24 厘米的象牙片上仿刻的《清明上河图》全图，获得上海大世界吉尼斯之最并被国家博物馆收藏。他在一块 20 多厘米长的猛犸牙片和两张镶嵌小叶檀形成的臂搁上，用甲骨文、金文、楷、行、篆、隶、草等字体共微刻了 7000 多个汉字，集成反映中国书法演变史，该作品荣获“全国旅游产品创意设计大赛”金凤凰金奖。他的《八十七神仙卷》也获得了中国工艺美术行业艺术大师金奖。

潘启慧自己也为微刻改变了很多。他年轻时酒量不错，因为喝酒后刻刀会抖，就再也不沾酒了。因为用大力气后手会失去分寸感，他也“戒”了所有的重活。“很少有人能像我一样，几十年‘十指不沾阳春水’，所以我更要用好作品感谢我的妻子。”潘启慧说。这些作品让他获得了联合国教科文组织授予的“国际民间工艺美术家”称号，2017 年又为他赢得了“大国非遗工匠”荣誉。

思维拓展

看完潘启慧的故事，你能描述现代工匠身上有哪些特质吗？

____

____

____

____

____

3.2 解读工匠精神

纵观古今，无论是千百年前的鲁班、欧冶子、李春，还是现在广受赞誉的大国工匠顾秋亮、宁允展，凡是被称为“匠人”“工匠”的人，他们身上都具有共同的品质，那就是执着专注、精益求精、一丝不苟、追求卓越。这些共同的品质就是现在各行各业都在大力弘扬的“工匠精神”。

一、执着专注

执着专注是工匠们在岗位上几十年如一日的坚持与韧性，这是一切大国工匠所必须具备的精神特质。成功的工匠大都“术业有专攻”，他们一旦选择某个行当或选定一个行业，就一门心思扎根下去，刻苦钻研，反复琢磨，注重细节，不断积累优势，不断攀登、追求卓越。

> **名人语录**
>
> 谁肯认真地工作，谁就能做出许多成绩，就能超群出众。
>
> ——恩格斯

工匠在日常工作中执着专注，扎扎实实朝着既定的目标迈进，不断突破自我，以专注之心成就一番事业。不忘初心，方得始终。工匠坚守信念、心无旁骛、坚如磐石、锲而不舍，最终达到精益求精的目标。

二、精益求精

精益求精是工匠们对每件产品、每道工序都凝神聚力、追求极致的职业品质。能基业长青的企业，无不是精益求精才获得成功的。创立 300 多年的同仁堂，正是始终恪守“炮制虽繁必不敢省人工，品味虽贵必不敢减物力”理念，精益求精，追求精湛工艺，才赢得了国内外人士的广泛赞誉和青睐。

没有最好，只有更好。古有贾岛月下推敲、欧阳修快马追字的故事，今有韩利萍毫厘精神托起航天梦、顾秋亮丝级组装助力载人潜水器等典范，这些事迹无不彰显了他们精益求精的品质。中国古代工匠依靠精益求精的制造精神安身立命，现代工匠继续秉承“干一行爱一行”的职业精神和职业态度，把精益求精作为职业准则。

三、一丝不苟

一丝不苟是工匠的职业准则，也是工匠的优秀品质。差之毫厘，谬以千里。作为一名从业人员，理应严格遵循工作标准，杜绝粗心大意、随意和盲目，在精、细、实上认真做好工作的每一个细小环节。

> 名人语录
>
> 天下难事，必作于易；天下大事，必作于细。
>
> ——老子

天下之事，必作于细。工匠具有注重细节的工作态度，他们注重打磨产品的细微之处，把好细节关，不仅要把关乎产品质量的关键环节做好，还要把最容易被忽略的细微之事做好。细微之处可以显示技艺水平的高低，做好小事是制造出高质量产品的重要环节。真正的工匠会把重视小事作为一种习惯，拥有将简单的事做好、做细，将细节做到极致的责任感。

四、追求卓越

追求卓越是工匠造物的首要目的，是提高产品完成度的内在动力。卓越，代表了产品的优秀程度，是在运用最好资源的情况下，把自身的能力和技术发挥到极致，让产品的品质达到最优。在匠人的心中，制作器物的目的就是要把它做“好”，但“好”的程度没有上限。

> 名人语录
>
> 人类的使命，在于自强不息地追求完美。
>
> ——托尔斯泰

追求极致，是工匠对自身技艺的不断磨炼及对完美的不懈追求，这代表了工匠对产品品质的卓越追求，代表了工匠身上的“匠气”。在追求极致的过程中，工匠通过学习专业知识，提高工作技能，将细节做到完美，不断在原有基础上进行突破。这对行业的生存与发展也有重要价值，是企业保持生命力的重要因素。

读案例

案例 1　孟剑锋的錾刻人生

1993 年进入北京工美的孟剑锋，从艺近 24 年，已身为国家高级技师，曾两度受命打造国礼。所谓“工匠精神”，在他看来便是“不能用金钱衡量的”一辈子只干一件事的精神。

图 3-2 《梦和天下》首饰盒

1. 上百万次錾刻，只要一次失误就前功尽弃

4 月的一个深夜，北京一栋老厂房内灯火通明，国家高级技师孟剑锋和同事们正连夜赶制一件首饰盒。时间所剩无几，因为一个月后，“一带一路”国际合作高峰论坛就将启幕。北京工美设计制作的六件作品，将作为国礼赠送给外国领导人及其配偶，人手一件。孟剑锋和同事们忙碌的正是制作国礼《梦和天下》首饰盒（见图 3-2）。

首饰盒从设计到制作完成共 7 个月工期，留给下厂制作打磨的时间不足一个月。时间紧迫，最难的是不同工艺的配合。作为 6 件国礼中最复杂的《梦和天下》，融合了雕漆、花丝镶嵌、螺钿、珐琅等多种工艺。紧迫的工期要求所有工艺必须同时进行，且各项工艺的制作时间和尺寸必须严丝合缝。

《梦和天下》盒型取自中式花窗，制作标准非常高。“十几个手工打造的盒盖，每个尺寸都必须一样。不管怎么翻盖，和任何一个盒子都能匹配。”孟剑锋说，这考验的是技师的眼力和用心，干了几十年的老师傅一眼就能看出来，根本不用卡尺量。

这不是孟剑锋首次接到国礼任务。2014 年，北京工美包揽三件 APEC 国礼设计制作，《和美》纯银丝巾果盘（见图 3-3）便是其中之一，孟剑锋担纲主创。

图 3-3　北京 APEC 国礼《和美》纯银丝巾果盘

錾刻是有着近3000年历史的工艺，工具叫錾子，有圆形、细纹、半月等花纹。工匠敲击錾子，就会在金、银、铜等金属上錾刻出千变万化的浮雕图案。为了制作出具有仿竹编果盘的质感和丝巾的光感，他反复琢磨、试验，亲手制作了近30把錾子，最小一把在放大镜下做了5天，一把细簪上有20多道细纹，每道仅0.07毫米。

但是，制作好錾子仅完成了制作国礼的第一步。最困难的是在厚度仅0.6毫米的银片上，有无数条细密经纬线交错，在光的折射下才能形成图案，而这需要上百万次錾刻。图3-4为孟剑锋正在制作《和美》纯银丝巾果盘。

图3–4　孟剑锋正在制作《和美》纯银丝巾果盘

一定要一次錾到位，如果半途停了再起錾子，就跟上次的錾印不一样。孟剑锋感叹，“上百万次錾刻，只要一次失误就前功尽弃。”

2. 一辈子只干一件事

1993年进入工美，孟剑锋先后跟多位老师傅学艺，其中他对錾刻最感兴趣，投入的精力也最多。“和錾子相处久了，一天不摸手痒痒！”有时一天没摸到錾子，晚上回家也会找个铜片练上一两个小时。

教他錾刻的师傅，退休前把用了几十年的工具给了他。最让孟剑锋感念的是，师傅不仅传授他手艺，还教他为人处事的道理。在这个圈子里，技艺是传统的，秉持的信条也是传统的，比如踏实与坚持。

在他眼中，师傅老老实实一个手艺人，一辈子只干一件事，从不跟人比较，“自己学好手艺，跟自己去比，不断超越自己”。

手艺人也好，“大国工匠”也好，在已享有“大国工匠”之名的孟剑锋眼中都有同样内涵——踏实、坚持、执着、精益求精。一辈子只干一件事的精神“是不能用金钱衡量的”。孟剑锋说，“对每件事坚持到底的这种劲儿，是师傅对我的期待。”

“做真诚的人，不攀比；干实在的事，不动摇。”师傅的信条如今也成了孟剑锋的了。

案例 2　阿木爷爷走红：工匠精神，匠心为本

2020 年 7 月，一位名为“阿木爷爷”（见图 3-5）的 63 岁大爷因榫卯视频走红海外，此事引发众多媒体关注。对于阿木爷爷走红的原因，央视网刊发了一则评论：“工匠精神，匠心为本。”

图 3-5　阿木爷爷王德文

该评论写道，“不用一根钉子，一滴胶水，就能把寻常木头打造成精致工艺品。阿木爷爷心怀纯粹的匠心，追求至精至善，将工艺品细节尽可能做到极致，正是匠人精神的生动展现。”

阿木爷爷原名王德文，山东聊城人，本职是一位木工匠人，从事木工五十年。而他更为人熟知的身份是，西瓜视频上的“阿木爷爷”。在许多期西瓜视频的开头，他挥挥手，和观众打招呼，随即坐下，进入他的木工世界。

人生前半场，王德文靠着木匠手艺养家。人生后半场，他以钻研木工技艺为乐。

王德文曾用 42 根榫卯棱、4 根榫卯柱、1 个榫卯基，外加 27 道锁环环相扣，做成缩小版世博会中国馆。因手艺纯熟，被网友誉为“当代鲁班”，图 3-6 为阿木爷爷的一些作品。

对于走红，王德文表示“没啥感觉”，希望将来能掌握更精湛的技术，为大家呈现更好的作品。“当时儿子说我成网红了，我说什么网红啊，我就是一个普通的农民，一个干木工活的老木工。”

图 3-6　阿木爷爷的一些作品

思维拓展

1. 阅读完案例，思考案例中各人物身上典型的工匠精神是什么？

2. 对照工匠精神，你身上最欠缺的是哪种精神？

相关链接

工匠精神，青年榜样

工匠精神的当代价值

《我是演说家》之工匠精神

3.3 走近大国工匠

大国工匠也是普通的平凡人，只是他们比平凡人多了一些坚持与幸运。请根据表 3-2 中大国工匠的个人名片，写出他们的姓名。

走近大国工匠

表 3-2 大国工匠个人名片

个人名片	人名
发动机焊接第一人	
捞纸大师：执一颗匠心，捞每张宣纸	
航空“手艺人”：零差错才能无可替代	
造船工匠：焊出天衣无缝	
高铁首席研磨师：24 年练就绝技，让中国制造成为优质制造	
勇闯深海的“两丝钳工”	
火药雕刻师：与火药共舞 为航天筑梦	

相关链接

托起中国制造的大国工匠

2021 年大国工匠年度人物

思维拓展

1. 大国工匠事业成功的秘诀是什么？

2. 与你所学专业相关的典型工匠的案例有哪些？

3.4　专题实践

实践活动：寻找身边的工匠。

普通人经过一番努力不一定能够成就伟业，但一定能有所成功，细心观察，身边处处有工匠。你的解剖学老师能用一支粉笔在黑板上栩栩如生地画出人体的每一块骨头，你的同学勤学苦练斩获全国职业院校技能大赛一等奖，你的母亲能烹饪一桌好菜并照顾好全家人的日常……他们就是我们心中的“工匠”。

请以小组为单位寻找身边的工匠人物，并完成人物采访，填写表 3-3，也可制作成 PPT 或微视频分享给班级同学。

相关链接

林凯：“男绣才”指尖生“画”

“00 后”飞针走线匠心逐梦

高职学生到“高铁工匠”的蜕变

表 3-3　“寻找身边的工匠”活动记录表

小组名称		组长	
活动宗旨	聆听工匠故事、感受工匠精神		
活动时间	课下		
活动实施	成员及分工		
	访谈对象简介		
	访谈内容		
	总结感悟		
活动评价	评价主体	全体同学	
	评价方式	利用智慧课堂“学生评分”功能进行线上评分	
	评价标准	评价指标	分值
		访谈对象是否具有代表性	30
		访谈内容是否翔实、记录是否清晰	30
		总结感悟与自身结合是否贴切	20
		记录形式是否有创新	20
	得分		

专题 4 劳模引领人生路——劳模精神

学习目标

素质目标：秉承“爱岗敬业、争创一流、艰苦奋斗、勇于创新、淡泊名利、甘于奉献”的劳模精神，树立“我也可以做劳模”的意识。

知识目标：了解劳动模范评选条件和评选流程；掌握新时代劳模精神的内涵。

能力目标：学习和工作中主动践行“我也可以做劳模”。

思维导图

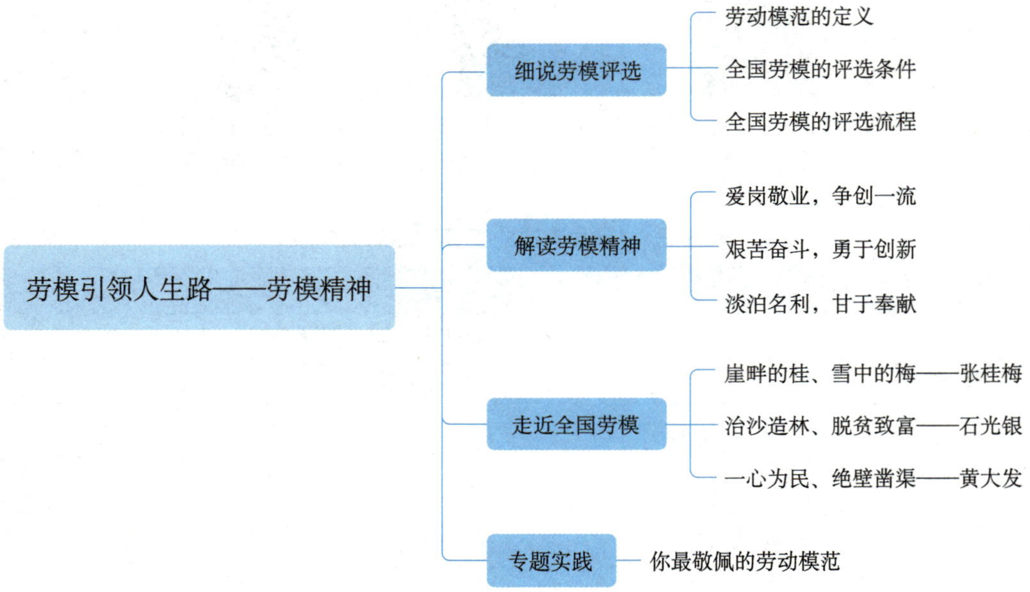

专题导读

“爱岗敬业、争创一流，艰苦奋斗、勇于创新，淡泊名利、甘于奉献”的新时代劳模精神，继承了中国人民劳动的先进性和创新性，展现了社会主义核心价值观的核心和精髓，体现了劳模精神承担着对时代、国家、人民的强烈历史担当。时代需要劳模，劳模引领时代。幸福都是奋斗出来的，美好的蓝图要靠劳动者用汗水绘就，华丽的篇章要靠奋斗者用双手书写。新的时代和使命呼唤新的担当，作为大学生，我们也要争当“劳模”，让劳模精神在新时代熠熠生辉。

自思自检

Q1：你知道劳动模范的分级吗？

A：________________________________

Q2：你知道哪些人能当选全国劳动模范吗？

A：________________________________

Q3：你知道新时代劳模精神的内涵吗？

A：________________________________

Q4：你希望通过努力成为一名全国劳模吗？

A：________________________________

4.1 细说劳模评选

一、劳动模范的定义

劳模，即劳动模范的简称，是在民主评选的基础上，经过有关部门审核和政府审批后，给予在社会主义建设事业中成绩卓著的劳动者的荣誉称号。

劳动模范炼成记

劳动模范分为全国劳动模范、省级劳动模范和市（县）劳动模范。

由中共中央、国务院授予的在社会主义建设事业中做出重大贡献的劳动模范，称为全国劳动模范，是我国劳动者最高的荣誉称号，每五年评选一次。

由各省（自治区、直辖市）政府授予的劳动模范，称为省级劳动模范，每五年评选一次。

市（县）政府和大企业的劳动模范，每三年评选一次。

中华人民共和国成立至今，党中央、国务院共表彰了 3 万多名全国劳动模范和全国先进工作者，他们是我国亿万劳动者中的佼佼者。

二、全国劳模的评选条件

以 2020 年全国劳动模范和先进工作者评选为例，其评选条件如下。

全国劳动模范和先进工作者必须热爱祖国，坚决拥护中国共产党的领导和社会主义制度，高举中国特色社会主义伟大旗帜，带头学习贯彻习近平新时代中国特色社会主义思想，认真执行党的路线方针政策，模范遵守党纪国法，增强“四个意识”、坚定“四个自信”、做到“两个维护”，在本职岗位上奋发进取、拼搏奉献，以永不懈怠的精神状态和一往无前的奋斗姿态，积极为实现中华民族伟大复兴的中国梦贡献力量，在群众中享有较高威信，一般应获得过省部级表彰奖励，并具备下列条件之一。

（1）在坚持新发展理念，建设现代化经济体系，加快建设创新型国家，完善社会主义市场经济体制，推动高质量发展，转变发展方式，优化经济结构，转换增长动力，防范化解重大风险方面做出突出贡献的；

（2）在深化供给侧结构性改革，积极去产能、去库存、去杠杆、降成本、补短板，加快建设制造强国，发展先进制造业，建设知识型、技能型、创新型劳动者大军方面做出突出贡献的；

（3）在大力实施乡村振兴战略和区域协调发展战略，推动农业农村优先发展、城乡融合发展，加快推进农业农村现代化，支持革命老区、民族地区、边疆地区、贫困地区加快发展，优化区域发展格局，推动区域优势互补方面做出突出贡献的；

（4）在推动全面深化改革，坚持和完善中国特色社会主义制度，推进国家治理体系和治理能力现代化，深化全面依法治国实践，破除思想痼疾和体制机制弊端方面做出突出贡献的；

（5）在坚定文化自信，推动社会主义文化繁荣兴盛，激发全民族文化创新创造活力，推动文化事业和文化产业发展，推进建设社会主义文化强国方面做出突出贡献的；

（6）在全面建成小康社会，提高保障和改善民生水平，坚决打赢脱贫攻坚战，办好人民满意教育，促进更充分更高质量就业，加强社会保障体系建设，实施健康中国战略，加强和创新社会治理，有效维护国家安全，保卫人民生命财产安全方面做出突出贡献的；

（7）在加快生态文明体制改革，建设美丽中国，推进绿色发展，着力解决突出环境问题，加大生态系统保护力度，坚决打赢污染防治攻坚战方面做出突出贡献的；

（8）在坚持和加强党的全面领导，坚持党要管党、全面从严治党，推进党的政治建设、思想建设、组织建设、作风建设、纪律建设，深入推进反腐败斗争，不断提高党的执政能力方面做出突出贡献的；

（9）在坚持“一国两制”，推进祖国统一，推进国防和军队现代化，坚持和平发展道路，坚持对外开放，积极促进“一带一路”国际合作，推动构建人类命运共同体方面做出突出贡献的；

（10）在其他方面做出突出贡献的。

三、全国劳模的评选流程

全国劳动模范评选是一项极其复杂、严肃的工作。党中央、国务院非常重视全国劳动模范的评选，制定了严格的评选流程。以2020年全国劳动模范和先进工作者的评选工作为例，其评选流程如下。

1月，中共中央办公厅、国务院办公厅印发通知，对全国劳动模范和先进工作者评选做出部署，成立2020年表彰全国劳动模范和先进工作者大会筹备委员会。

2月，制定印发《推荐评选工作有关政策说明》，指导各单位做好人选推荐工作。

3月，召开筹备委员会办公室会议，根据疫情防控实际情况研究部署工作，指导各单位上报推荐材料并进行初审。

5月，基本完成初审工作。

6月，指导各地认真做好省级公示及后续工作。

7月，基本完成复审工作。

10月15日至19日，在人民日报进行为期5天的全国公示。

10月21日，中央领导同志主持召开筹备委员会全体会议，听取大会筹备工作情况汇报，审议通过拟表彰人选名单，对高标准高质量完成各项工作任务提出明确要求。

11月，将拟表彰人选名单呈报党中央、国务院审定。为了确保评选表彰工作公开、公正、公平。全国劳模评选过程严格执行“两审三公示”程序，即实行初审、复审两次审查，在所在单位、省级和全国进行三级公示。在推荐审核所有工作环节中，严格评选标准，严肃评选纪律，认真处理举报事项，该调整的调整，该拿下的拿下，确保人选能够树得起、立得住，经得起检验。

由全国劳动模范的评选条件和评选流程可以看出，全国劳动模范都来自普通劳动者，是经过层层推荐、严格筛选、优中选优评选出来的各行各业的杰出代表。评选条件之高、评选流程之严，确保评选出来的全国劳动模范是民族的精英、国家的栋梁、人民的楷模、时代的领跑者，更能经得起时间的检验。

相关链接

申纪兰　　黄旭华

思维拓展

1. 从申纪兰身上你看到了什么精神？

2. 你如何看待黄旭华的“不孝”？

4.2 解读劳模精神

劳模精神即劳动模范的精神。劳动者之所以成为劳动模范，是因为他们在平凡的岗位上做出了不平凡的业绩，他们所坚持、坚守、坚定的基本信念、价值追求、人生境界及其展现出的整体精神风貌，是伟大时代精神的生动体现。弘扬劳模精神要做到“爱岗创业、争创一流、艰苦奋斗、勇于创新、淡泊名利、甘于奉献”。爱岗敬业是本分，争创一流是追求，艰苦奋斗是作风，勇于创新是使命，淡泊名利是境界，甘于奉献是修为。守本分、有追求、讲作风、担使命、有境界、有修为，是每一位劳动模范的精神风范，更是每一位劳动者应该追求的目标。

解读劳模精神

一、爱岗敬业，争创一流

爱岗敬业是中华民族的传统美德，是职业道德的基石，是社会主义职业道德所倡导的首要职业规范，是社会主义核心价值观的重要内容，是对劳动者提出的最基本的道德要求，还是实现职业目标的重要内容，是事业成功的必要因素。

争创一流是广大劳模具有竞争力、战斗力和爆发力的精神源泉。争创一流就是要树立自信心、提振精气神，做到高起点谋划、高标准定位、高质量落实、高效率推进。

爱岗敬业、争创一流体现了广大劳模恪尽职守、创先争优的职业道德及高度的历史使命感。

读案例 “19点钟的太阳”——徐虎

徐虎（见图4-1），出生于20世纪50年代。1975年，徐虎进入上海市普陀区中山北路房管所，成为一名水电维修工，担负起管区内6000多户居民的水电维修、房屋养护工作。徐虎的父亲是工人，母亲是菜农，过去的家境并不宽裕。因此，父母经常教育徐虎，维修水电虽然脏一些，累一些，总还是个技术活。徐虎记着父亲的话：“阿拉是普通工人出身，干一行就要干好一行。”当徐虎第一次去居民家中维修阻塞的马桶时，还是傻了眼：粪便、草纸、污水淌了一地，别说干活，连立脚的地方都没有。他看看居民焦急的样子，想想自己干的就是这一行，也只好硬着头皮上。徐虎忙着干活，居民在边上忙着端茶、敬烟。马桶修好了，居民连声道谢，事后还特地给房管所写了感谢信。这件事对徐虎触动很大，他想，自己只是干了分内的工作，居民就这么感激，真的应该尽心尽力做好工作。

图 4–1 徐虎

1985 年，徐虎已在中山北路房管所做了 10 年水电维修工，了解到双职工家庭普遍存在白天上班无法报修的难题，决定提供夜间义务服务。1985 年 6 月 23 日，徐虎在辖区内挂了 3 只“夜间水电急修特约服务箱”，上面写着“凡属本地段的公房住户，如有夜间水电急修，请写纸条投入箱内，本人将热忱为您服务。每天开箱时间为晚上 7 点。”，成为全国首创夜间义务挂箱服务的水电工。从那一天开始，每天晚上 7 点，徐虎总会准时背上工具包，骑上自行车，按报修单上的地址服务一家又一家。徐虎的夜间水电急修服务，一干就是 10 多年，累计开箱 3700 多天，累计服务 7400 多小时，被群众誉为“19 点钟的太阳”。

思维拓展

看完徐虎的故事，你能描述他身上呈现的典型劳模精神是什么吗？

____

____

____

____

二、艰苦奋斗，勇于创新

艰苦奋斗是劳模精神的本色。广大劳模秉承艰苦奋斗的优良作风，在工作中忘我劳动、开拓创新，表现出崇高的美德和精神风貌。

勇于创新是劳模精神的核心。广大劳模充分发挥先锋模范作用，不断钻研科学技术，全面提升勇于创新的本领，不断增强善于创造的能力，为中国特色社会主义现代化建设做出了突出贡献。

艰苦奋斗、勇于创新体现了广大劳模吃苦耐劳、坚韧不拔的作风和强烈的开拓意识。

读案例 勇于创新的“90后”——袁隆平

2019年9月17日，国家主席习近平签署主席令，授予8人“共和国勋章”，袁隆平（见图4-2）名列其中。

图4-2 袁隆平

就在这一天，距离北京1600多公里的湖南省衡东县，在一片稻田里，袁隆平拿着一株水稻仔细观察后，面带笑意地说：“开花开得很好。”这片稻田是第三代杂交水稻试验田，目前处于扬花时期，田中的双季晚稻有望突破亩产1000公斤大关。

袁隆平多次谈及他有两个梦想，一个是禾下乘凉梦，一个是杂交水稻覆盖全球梦，为了实现这两个梦想，袁隆平在创新的道路上从未停歇。

1974年，袁隆平科研小组培育的第一批强优势高产杂交稻破土而出。多年来，袁隆平领衔的科研团队通过形态改良和杂种优势利用相结合的技术路线，成功攻破水稻超高产育种难题，不断刷新亩产量。目前，超级稻计划的五期目标已经全部完成，分别是亩产700公斤、800公斤、900公斤、1000公斤和1100公斤。据统计，从1976年到2018年，杂交水稻在全国累计推广面积约85亿亩，增产稻谷8.5亿吨。每年因种植杂交水稻而增产的粮食，可以多养活约8000万人口。袁隆平说：“我们国家人口多、耕地少，保障国家粮食安全，唯一的办法就是提高单产。高产对于我来说，是一个永恒的主题。”

不仅让中国人吃得饱，袁隆平还希望全世界人民都能够远离饥饿。他曾笑称，自己愿做太平洋上的海鸥，让杂交水稻技术越过重洋。《杂交水稻简明教程》，这本袁隆平写于1985年的书，经联合国粮农组织出版后，目前已发行到40多个国家，成为全世界杂交水稻研究和生产的指导用书。据湖南省农业农村厅统计，截至2018年底，杂交水稻已在海外40多个国家成功试验示范，在10多个国家大面积推广。2018年，海外杂交水稻推广面积超过 700 万公顷。

在获得“共和国勋章”的 10 天前，袁隆平迎来了自己的 90 岁生日。他笑称，自己已经从“80 后”升级为“90 后”，未来要健康快乐超百岁，就像超级稻攻关一样，不断超越新目标。

思维拓展

看完袁隆平的故事，你能描述他身上呈现的典型的劳模精神是什么吗？

____

____

____

____

三、淡泊名利，甘于奉献

淡泊名利是劳模精神的境界。名利反映的是一个人的劳动成果和贡献得到了社会认可，并获得相应的物质报酬。正确的名利观会影响和铸就高品位与高格调的人。在新时代，我们仍然倡导劳模保持原本就具有的安贫乐道、甘于寂寞、淡泊自守、不求闻达的豁达态度和精神境界。

甘于奉献是劳模精神的底色。弘扬劳模精神，重点强调了劳模尊重劳动、奉献担当的浓厚意识，肯定了劳模顾全大局、默默奉献的可贵品质。时空变幻，但劳模甘于奉献的追求没变，甘于奉献已成为劳模精神最鲜明的标识。

淡泊名利、甘于奉献，体现广大劳模任劳任怨、不计得失的模范行为，反映了工人阶级的价值取向和大公无私、不怕牺牲的高尚情操。

读案例　用生命诠释“甘于奉献”——邓稼先

邓稼先（见图 4-3），中国科学院院士，中国核武器研制工作的开拓者和奠基者。

1958 年秋，二机部副部长刘杰找到邓稼先说“国家要放一个‘大炮仗’”，征询他是否愿意参加这项必须严格保密的工作。邓稼先义无反顾地同意了，回家对妻

图 4-3　邓稼先

子只说自己“要调动工作”，不能再照顾家和孩子，通信也困难。妻子表示支持。随后他人间蒸发，隐姓埋名，进入与世隔绝的西北戈壁。

1964年10月，中国成功爆炸的第一颗原子弹，就是由他最后签字确定的设计方案。试验后，他又率领研究人员迅速进入爆炸现场采样，以证实效果。

28年间，他带领科研团队，在极端艰苦的条件下研制出中国第一颗原子弹、第一颗氢弹，进行了32次核试验。邓稼先的名字消失了28年后，1986年6月24日，随着一篇题为《“两弹”元勋邓稼先》的通讯稿的发布，人们才知道他的事迹。

1986年7月17日，邓稼先在医院的病床上获得了全国劳动模范证书和奖章。这是“七五”期间党中央、国务院授予的第一个全国劳动模范称号，授出的第一枚全国劳动模范奖章，也是邓稼先生前获得的最后一枚奖章。

就在戴上这枚奖章的12天后，邓稼先因全身大出血，医治无效，永远离开了这个世界。他临终前留下的话仍是如何在尖端武器方面努力，并叮咛“不要让人家把我们落得太远……”

邓稼先为了国防科研事业，隐姓埋名数十年，常常在关键时刻，不顾个人安危，出现在最危险的岗位上。他将自己的生命放在危险之间，却把国家带到安全地带，他崇高无私的奉献、敏锐的眼光使中国核武器事业继续快步推进了十年。

1996年7月29日，邓稼先院士逝世十周年，我国成功进行了最后一次核试验后郑重宣布：从1996年7月30日起中国开始暂停核试验。

思维拓展

看完邓稼先的故事，你能描述他身上呈现的典型的劳模精神是什么吗？

____

____

____

____

相关链接

歌曲：快乐片警毛立争

劳模进课堂

4.3　走近全国劳模

一、崖畔的桂、雪中的梅——张桂梅

张桂梅（见图 4-4）校长频频登上“热搜”，从《感动中国》颁奖典礼，到全国脱贫攻坚总结表彰大会，再到“七一勋章”颁授仪式，都能看到她的身影和那双贴满膏药的手。《感动中国》颁奖词称她是“崖畔的桂、雪中的梅”；网友赞她“命运置她于高崖，她赠人间以芬芳！”

图 4-4　张桂梅

张桂梅常说，“女孩子受教育，可以改变三代人。”她想让贫困家庭的女孩子通过知识改变命运，想办一所女子高中，想彻底阻断贫困在低文化水平母亲与低文化水平孩子间的恶性循环。凭她一己之力创办一所女子高中，而且还是全免费，责任之大，困难之多，让人难以想象。身边的人都婉言劝她放弃，可她却信心满满地说：“我知道困难肯定很多，贫困女孩的教育问题不解决，全面小康就没指望。这件事就算再苦再难，我也要做！”

2008 年 9 月，在各级党委、政府和各界爱心人士的鼎力支持下，华坪女子高级中学终于建成，张桂梅被任命为该校党支部书记、校长。

为了让到女子高中读书的孩子不再辍学，也为了让更多女孩子走进女子高中读书，张桂梅经常进行家访。村寨没有通公路，走访一家往往需要走好几个小时的山路，严重的类风湿、骨质疏松、肺病和过度劳累导致张桂梅几次晕倒在路上。长年累月的工作，使张桂梅身体每况愈下，每天都要吃大量的药。病痛已经让她无法继续站在讲台上授课，但她仍然每天早晨 5 点准时起床，挨个摁亮楼道里的灯，提着喇叭喊学生们晨读，晚上 12 点检查完所有的教室后她才休息。

女子高中成立十二年，已有 1800 多名大山女孩从这里步入了大学。

张桂梅吃穿用都很简朴，多年以来，她把节省下来的工资、奖金共计 100 多万元，捐助教育和儿童福利事业。细心的人会注意到，在全国脱贫攻坚总结表彰大会上，张桂梅坐着轮椅接受表彰时所穿的外套和几天前在感动中国 2020 年度人物颁奖盛典上穿的是同一件。一件外套参加几场盛典，没有人觉得她很穷，反而觉得她是那么富有。“自然击你以风雪，你报之以歌唱。命运置你于危崖，你馈人间以芬芳。”是对她最高的赞美。

2000 年，国务院授予她“全国先进工作者”称号；

2002 年，获得“全国十大女杰”称号；

2003 年，获得“精神文明十佳人物”称号；

2004 年，获得全国“五一”劳动奖章；

2020 年 1 月 10 日，被教育部授予“全国优秀教师”荣誉称号；

2020 年 12 月 3 日，被中共中央授予“全国优秀共产党员”称号；

2020 年 12 月 10 日，被中宣部授予“时代楷模”称号；

2021 年 2 月 17 日，被评为“感动中国 2020 年度人物”；

2021 年 2 月 25 日，荣获“全国脱贫攻坚楷模”荣誉称号；

2021 年 6 月 29 日，被中共中央授予“七一勋章”；

2021 年 11 月，被授予“第八届全国道德模范”荣誉称号。

二、治沙造林、脱贫致富——石光银

1952 年 2 月，石光银（见图 4-5）出生在毛乌素沙漠南缘的定边县海子梁公社圪塔套村。在他的童年记忆里，漫天肆虐的风沙是当地人的“天敌”。小时候，因为风沙侵蚀，石光银曾跟随父母搬家 9 次。恶劣的自然环境和贫苦的生活状态，让石光银从小就有了植树造林、拔除穷根的梦想。

图 4–5 石光银

1968 年，当选村里生产队小队长后，石光银就带领村民植树造林，经过 3 年苦战，竟然在不毛之地种活了 1.4 万亩树木，使家乡有了第一片绿洲。

1984 年，身为党员的石光银积极响应党中央发出的允许个人承包治理“五荒地”的号召，毅然辞去海子梁乡南海子农场场长职务，成立了全国第一个农民股份治沙公司——“新兴林牧场”（现为陕西石光银治沙集团有限公司），与乡政府签订了承包治理 3000 亩荒沙的合同，这使他本人也成为全国农民承包治沙第一人。

为了筹措买树苗的资金，石光银拿出所有积蓄，卖掉家里的 84 只羊和 1 头骡子，还四处借贷。最终他联合了 7 户村民，正式开始了治沙事业。经过一年的艰辛劳作，再加之这一年雨水充沛，治理区苗木成活率达到 85% 以上。首战告捷，这极大地鼓舞了石光银继续治沙造林的信心与决心。于是，他又与国营定边长茂滩林场签订了承包治理 5.8 万亩荒沙的合同，并榜告四方乡亲、招贤纳士，再次凝聚起 127 户 484 人的治沙队伍。

进入 20 世纪 90 年代，石光银治沙的脚步继续加快。1994 年承包治理了 4.5 万亩盐碱滩，1996 年、1998 年又分别承包治理了县上盐化厂苦湖地 7.5 万亩，1997 年承包治理了国营长城林场荒沙地 4.55 万亩……目前，他累计承包治理荒沙、荒滩 25 万余亩，植树 5300 多万株（丛）。

在治沙的过程中，石光银认识到治沙和致富是统一的。他积极响应政府号召，劝说定边白于山区最贫困的 50 户 272 人逐渐迁出大山，成立十里沙行政新村。他在已承包治理好的沙地上无偿给每户划拨 3 亩宅基地，带领他们打水井、盖房子、架电线、发展养殖业，逐渐走出了贫困。他还探索出“公司＋农户＋基地”的经营发展模式，先后办起百头肉牛示范牧场、3000 吨安全饲料加工厂、千亩樟子松育苗基地、千亩脱毒马铃薯良种繁育基地、千亩辣椒种植基地和 5 万亩生态林等经济实体。

“治贫先治愚”这是石光银多年治沙和扶贫的另一个经验。他的公司先后投资 100 多万元，建起了荒沙小学、光银希望小学，解决了十里沙村及周边适龄儿童上学难的问题。

“人一辈子不一定要干多大的事，但一定要干一件有意义的事。我这一生都在做的一件事，就是与沙漠和贫困做斗争。作为党员，不能只顾自己，还要让群众一起好。”石光银在多个场合这样说道。

石光银的绿色情怀与红色精神，正如毛乌素沙漠南缘由一株株树木构筑起的“长城”，坚固刚强、蓬勃生机……

2000 年，石光银被国务院授予全国劳动模范荣誉称号；2021 年 6 月 29 日，中共中央授予石光银“七一勋章”。

三、一心为民、绝壁凿渠——黄大发

“水过不去，拿命来铺”，这是一名老党员为人民许下的誓言。

三十六年，为梦想跋涉，僵直了手指，沧桑了面孔，但初心不变。2017 年，一位 82 岁的老人感动了全中国。

他叫黄大发（见图 4-6），贵州省遵义市播州区平正

图 4-6　黄大发

仡佬族乡团结村草王坝原支书。凭着一个“敢”字，他带领群众绕三重大山、过三道绝壁、穿三道险崖，修出7200米主渠、2200米支渠，在绵延高耸的绝壁上开凿出又一条“红旗渠”，滋润了祖祖辈辈干渴贫穷的村庄，被当地群众称为“当代愚公”。他用36年的宝贵人生，诠释了一名共产党员的担当。

“山高石头多，出门就爬坡，一年四季苞谷沙，过年才有米汤喝。”1995年以前，草王坝因为缺水，全村种的是苞谷洋芋，吃不上白米饭，只能吃“苞谷沙”，无水、无电、无路，男人娶不上媳妇，“光棍村”的坏名声不胫而走。

水，是草王坝人世世代代的梦想，年年岁岁的期盼，也是黄大发心中的痛。

黄大发自幼失去双亲，没念过几天书，也认不得几个字，自小没少受乡亲们的照顾。1959年，23岁的他迎来了生命中最重要的两件事：加入中国共产党、被选为草王坝大队长。那一年，年轻气盛的他义无反顾地爬上了山崖，立誓要为村民干三件事：引水、修路、通电！

草王坝缺水，但几公里外的野彪村水源富足，只要劈开阻隔两村的灵宝山，螺蛳河的水就能流进草王坝。没有任何修渠技术，测量靠竖起几根竹竿；没有水泥，沟壁直接糊上黄泥巴；没有起重设备，就在腰间拴根草绳下到悬崖上用锤子凿……可付出并没有换来收获。山里人哪知道什么叫导洪沟、分流渠？洪水一来，沟渠和草王坝人的心被冲得七零八落。

这次失败，让黄大发开始反思，再不能这样蛮干。他开始等待机会，这一等就是近30年。

1992年春天，水渠终于动工。全村男女老少，有劳动能力的几乎全部自愿上阵。每天，200多人的队伍跟着黄大发扎进深山修渠，施工队负责在前面凿石壁打槽，村民在后面跟着挑土方砌堡坎。

单说测量，当时的条件，只能由胆大的人腰间拴着缆绳，从300多米的悬崖顶上一尺一尺往下放到绝壁处进行测量。黄大发第一个在腰上系上绳索，慢慢向悬崖滑了下去。不通路，水泥、石粉靠人背马驮运上工地；没有后勤保障，“苞谷沙”搭配酸菜冷洋芋，一天只吃两顿。

过年了，大家想过个闲年，但黄大发带着一家老小又上了山。鞋磨破了没钱买，他赤脚步行20多公里去背炸药，脚板磨破皮，双脚血淋淋的，管仓库的工作人员想要资助他买双鞋穿上，他却婉拒了。

冬去春来，风餐露宿，3年时间，草王坝人勒紧裤腰带，用双手硬生生凿出了绝壁引水的奇迹：一条跨3个村、10余个村民组，主渠长7200米、支渠长2200米的水渠终于竣工。

1995年端午节，当汩汩清流从沟渠一泻而下时，草王坝全村老少扛着锄头一路欢呼奔向自家的旱地引水浇地，祖祖辈辈刨食的旱地终于变成了稻田。潺潺渠水，润泽了当地

1200 多名群众，乡亲们亲切地把这条渠称为“大发渠”。

在打败生命中最强劲的“敌人”——干旱缺水后，为缩短路程和保障行人安全，黄大发又带着 6 名石匠，在大山中开凿出了一条长 120 米、高 2 米、宽 1.5 米的人行隧道。没有电，他又带领村民架起了电线杆通了电；山中无良田，就带头进行坡改梯，20 世纪 90 年代末，全村稻田面积从 240 亩增至 720 亩，每年收稻谷 80 万斤。与此同时，村民参与投工投劳的公路也启动修建……

黄大发曾许下的 3 个誓言一一实现。村民们说，一辈子几乎都在偏远的团结村生活的黄大发，让大家知道了什么叫作“伟大”。

草王坝的变化还在继续。党的十八大以来，在党的一系列好政策支持下，在黄大发和村干部的带领下，草王坝发生了翻天覆地的变化，小青瓦、坡面屋、穿斗枋、转角楼、雕花窗、白粉墙……2017 年底，团结村彻底告别贫困，村民过上了梦寐以求的好日子。

二十多年过去了，大发渠里清澈的山泉水依然静静流淌，蜿蜒于崇山峻岭之间，像一座历史碑刻，铭记着那一段峥嵘岁月。已经 86 岁的黄大发，时常行走在大发渠上巡渠、护渠，为一批又一批前来参观学习的同志讲“大发渠”的故事，在巩固拓展脱贫攻坚成果接续推进乡村振兴中，继续发挥着余热。他说：“我所做的一切都是从党章中学来的，入党后上的第一课，是为人民服务。我要不忘初心，继续前进。”

2020 年 11 月 24 日，黄大发被表彰为 2020 年全国劳动模范；2021 年 6 月 29 日，中共中央授予黄大发“七一勋章”。

相关链接

“蓝领专家”孔祥瑞　　“金牌工人”窦铁成

思维拓展

1. 全国劳动模范共同的特质有哪些？

2. 谈谈最令你感动的全国劳动模范。

4.4 专题实践

实践活动：你最敬佩的劳动模范。

1950 年，党和国家首次表彰劳动模范。70 多年来，在党的领导下，我国工人阶级和广大劳动群众与祖国同成长、与时代齐奋进，奏响了“咱们工人有力量”的主旋律，各条战线上英雄辈出、群星灿烂。特别是进入新时代以来，我国工人阶级和广大劳动群众在实现中国梦伟大进程中拼搏奋斗、争创一流、勇攀高峰，为决胜全面建成小康社会、决战脱贫攻坚发挥了主力军作用，用智慧和汗水营造了劳动光荣、技能宝贵、创造伟大的社会风尚，谱写了“中国梦 劳动美”的新篇章。

请你说说最令你感动和敬佩的劳动模范，并与大家一起分享他的事迹。

相关链接

光荣属于劳动者
榜样来自高职院

表 4-1　“你最敬佩的劳动模范”活动记录表

<table>
<tr><th>小组名称</th><th></th><th>组长</th><th></th></tr>
<tr><td>活动宗旨</td><td colspan="3">讲述劳模事迹、体会劳模精神、践行劳动精神</td></tr>
<tr><td>活动时间</td><td colspan="3">课下</td></tr>
<tr><td rowspan="4">活动实施</td><td>成员及分工</td><td colspan="2"></td></tr>
<tr><td>劳模简介</td><td colspan="2"></td></tr>
<tr><td>访谈内容</td><td colspan="2"></td></tr>
<tr><td>感悟分享</td><td colspan="2"></td></tr>
<tr><td rowspan="8">活动评价</td><td>评价主体</td><td colspan="2">全体同学</td></tr>
<tr><td>评价方式</td><td colspan="2">利用智慧课堂“学生评分”功能进行线上评分</td></tr>
<tr><td rowspan="5">评价标准</td><td>评价指标</td><td>分值</td></tr>
<tr><td>劳模事迹典型感人、积极向上、引人共鸣</td><td>30</td></tr>
<tr><td>分享作品内容全面、主题鲜明、美观清楚</td><td>30</td></tr>
<tr><td>分享方式新颖，气氛活跃</td><td>20</td></tr>
<tr><td>体态大方、思路清晰、表达流畅</td><td>20</td></tr>
<tr><td>得分</td><td colspan="2"></td></tr>
</table>

专题5 争做新时代劳动者——让青春闪光

学习目标

素质目标：传承志愿服务精神，树立创造性劳动理念。

知识目标：了解志愿服务精神，认识团队协作的意义，理解创新劳动的价值，熟悉创业条件。

能力目标：能积极参加各类志愿服务，在学习和工作中善于与他人协作，在创新和创业中实现劳动价值。

思维导图

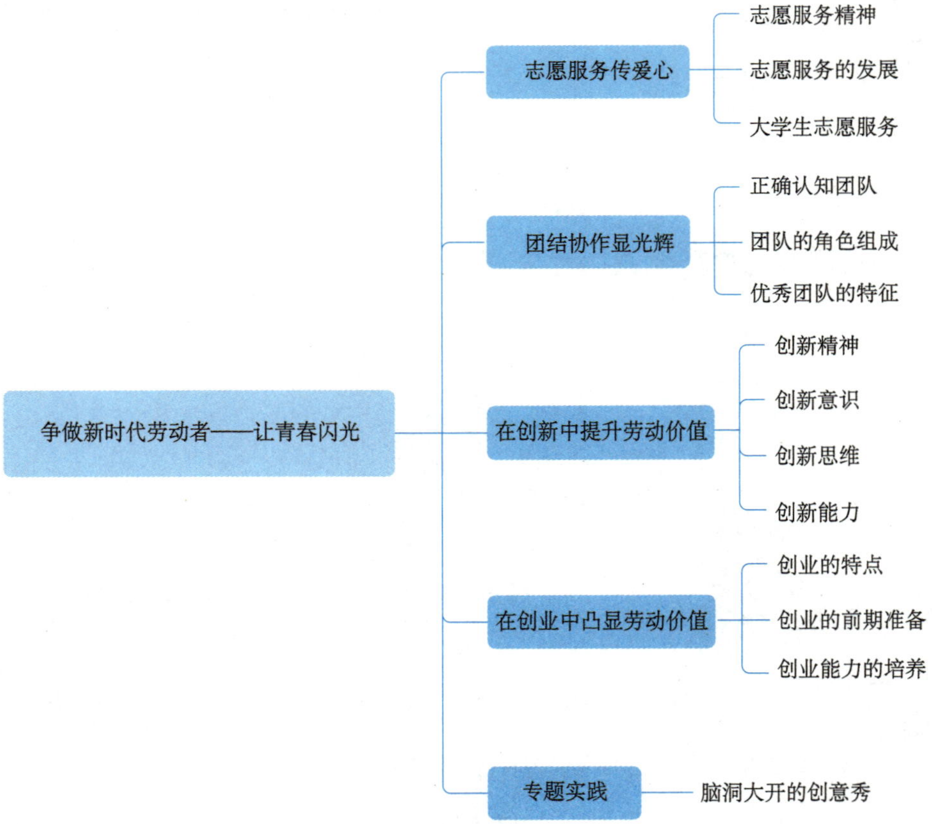

专题导读

新时代是奋斗者的时代，更是追梦人的舞台。无数奋斗者用实际行动证明，有梦想，肯奋斗，一切美好的事物都能够被创造出来。只要广大劳动群众不断砥砺前行、坚持不懈奋斗、始终拼搏实干，就一定能创造新时代新的更大辉煌，把我们的国家建设得更加繁荣富强。实现我们的奋斗目标，根本上靠劳动、靠劳动者创造。梦想的花朵，需要用汗水浇灌；美好的生活，需要靠双手创造。中华民族伟大复兴这项光荣而艰巨的事业，需要每一个人付出艰辛努力。让我们紧密团结在以习近平同志为核心的党中央周围，众志成城、万众一心、苦干实干、不懈奋斗，用诚实劳动唱响新时代的劳动者之歌，书写新时代劳动者新的荣光。

自思自检

Q1：你觉得“新时代劳动者”应该具备什么样的素质？

A：______

Q2：你知道志愿服务的精神吗？

A：______

Q3：你参与过志愿服务活动吗？

A：______

Q4：你认为工作中团队意识和协作能力重要吗？

A：______

Q5：你的身边有哪些创新劳动的例子？

A：______

Q6：毕业后，你是打算直接就业还是创业？你感觉自己有哪些优势和劣势？

A：______

5.1　志愿服务传爱心

一、志愿服务精神

2017年12月1日，国务院颁布的《志愿服务条例》（以下简称《条例》）正式实施，这是我国第一部关于志愿服务的专门性法规。

《条例》明确指出，志愿服务是指志愿者、志愿服务组织和其他组织自愿、无偿向社会或者他人提供的公益服务。志愿者可以参与志愿服务组织开展的志愿服务活动，也可以自行依法开展志愿服务活动。

志愿服务工作具有志愿性、无偿性、公益性、组织性四大特性。每个人都有参与社会事务的权利和促进社会进步的能力，同

志愿者誓词

我愿意成为一名光荣的志愿者。我承诺：尽己所能，不计报酬，帮助他人，服务社会。践行志愿精神，传播先进文化，为建设团结互助、平等友爱、共同前进的美好社会贡献力量。

样，每个人都有促进社会繁荣进步的义务和责任。参与志愿服务工作是积极和有效表达这种“权利”和“义务”的重要形式。在服务他人、服务社会的同时，提高、完善和发展自身，使精神和心灵都得到满足。

志愿服务的精神概括起来是：奉献、友爱、互助、进步。

“奉献”——原指恭敬地交付、呈献，即不求回报地付出。无私奉献精神是志愿服务精神的精髓。志愿者在不计报酬、不求名利、不要特权的情况下参与推动人类发展、促进社会进步的活动，这些都体现着高尚的奉献精神。

“友爱”——志愿服务精神提倡志愿者欣赏他人、与人为善、有爱无碍、平等尊重，这便是友爱精神。志愿者之爱跨越了国界、职业和贫富差距，是没有文化差异、没有民族之分、没有收入高低的平等之爱，它让社会充满阳光般的温暖。如无国界医生，他们不分种族、政治及宗教信仰，为受天灾、人祸及战火影响的受害者提供人道援助，他们奉献的是超国界之爱。

“互助”——志愿服务包含着深刻的互助精神，它提倡“互相帮助、助人自助”。志愿者凭借自己的双手、头脑、知识、爱心开展各种志愿服务活动，帮助那些处于困难和危机中的人们。志愿服务者以“互助”精神唤醒了许多人的内心，使他们付出所余，持之以恒地真心奉献。“助人自助”就是帮助他人走出困境、自强自立，重返生活舞台。受助者获得生活的能力后，也会投入到关心他人、帮助他人、为社会做贡献的志愿活服务动中，这些志愿服务活动都蕴涵着深刻的“互助”精神。

“进步”——进步精神是志愿服务精神的重要组成部分，志愿者通过参与志愿服务活动，使自己的能力得到提高，同时促进了社会的进步。在志愿服务活动中处处体现着“进步”的精神，正是这一精神使人们甘心付出，追求社会和谐之境的实现。

二、志愿服务的发展

在我国，志愿服务精神可以说是源远流长。几千年前，中华民族便形成了助人为乐和扶贫济困的优良传统。志愿服务蕴涵着深厚的“人文”思想和对社会“和谐”的追求，这一精神实质与中国传统文化是一脉相承的。儒家的“仁爱”思想、墨家的“兼爱”学说就是这种精神实质的典型代表。在这种文化背景下，中国古代也经常出现“义仓”“义米”“义舍”等具有近现代志愿服务意义的活动。

在新中国成立初期，志愿服务精神发展成为雷锋精神，雷锋不仅是一个名字，更是一种奉献精神。新中国成立后，1963 年 3 月 5 日毛泽东主席发出“向雷锋同志学习”的伟大号召，在全国掀起了“学雷锋”活动（见图 5-1）的热潮。雷锋为了人民的事业无私奉献，把帮助他人当作人生最大的快乐和幸福，这种精神不仅没有随着岁月的流逝而消失，反而历久弥新、坚不可摧。这种为人民服务的雷锋精神，也是志愿服务精神的精髓。

从“学雷锋”到“做志愿者”（1963—1993），中国走过了三十年；从青年志愿者到社区志愿者（1993—2000），志愿服务组织有了中国特色；2001 年开始，志愿服务逐渐走向多元化、规范化、法制化；2008 年至今，志愿服务已经常态化、品牌化、制度化。

党的十八大以来，广大志愿者、志愿服务组织、志愿服务工作者积极响应党和国家号召，弘扬和践行社会主义核心价值观，走进社区、走进乡村、走进基层，为他人送温暖、为社会做贡献。青年志愿者如图 5-2 所示，社会志愿者如图 5-3 所示，2008 年北京奥运会志愿者如图 5-4 所示。

图 5–1　“学雷锋”活动

图 5–2　青年志愿者

图 5–3　社会志愿者

图 5–4　2008 年北京奥运会志愿者

经过数十年的发展，中国志愿服务制度日趋完善，志愿者队伍不断壮大。据统计，截至 2022 年 3 月底，我国实名注册志愿者总数已超过 2 亿人，志愿服务队伍超过 120 万个。新鲜血液的不断流入使志愿服务生生不息、充满后劲，更令人感到温暖的是，志愿服务也从过去的轰轰烈烈沉淀为现在的润物无声。

你认识表 5-1 中的志愿服务组织标志吗？请写出这些标志所对应的志愿服务组织名称，有兴趣的同学可以关注对应的官方微信公众号，了解更多的内容。

表 5–1　志愿服务组织知多少

序号	志愿服务组织标志	志愿服务组织名称	官方微信公众号
1			

续表

序号	志愿服务组织标志	志愿服务组织名称	官方微信公众号
2			
3			
4			
5			

三、大学生志愿服务

2008 年北京奥运会万众瞩目，除了欣赏体育健儿们的精彩比赛，志愿者的热情服务也成为奥运期间一道靓丽的风景。在 2022 年北京冬奥会、冬残奥会期间，10 万赛会志愿者、40 万城市志愿者、100 万社会志愿者和 20 万啦啦队志愿者参与了志愿服务，这中间，全国青年大学生志愿者谱写了光辉灿烂的篇章。

志愿服务不仅能使大学生深入社会、了解社会，而且能够促进大学生提高思想觉悟、锻炼团队协助能力，提升道德素质，充分发挥大学生的主体意识。“奉献、友爱、互助、进步”的志愿服务精神，不仅与大学生思想政治教育的主旋律完美契合，而且充满时代精神、人文色彩和青春气息，更容易激发大学生的积极性和主动性。

在志愿服务的锻炼过程中，大学生能有效去除怕苦怕累、傲慢懒散、贪图名利、心浮气躁等不良心态和作风，培养对国家、社会的关注，对弱势群体的关怀，在实践中自觉抵制不良价值观的腐蚀，树立正确的、科学的价值观。

大学生志愿者是我国青年志愿者的中坚，他们利用业余时间，利用自己的专业知识、技能、资源为他人、社区、社会提供非营利性、非职业化援助。这种青年志愿服务，已经成为当代大学生在成才过程中受教育、长才干、做贡献、增强社会责任感的新舞台，成为大学生弘扬时代主旋律、引领社会主义精神文明建设的重要途径。

读案例　北京化工大学志愿者，服务高山赛场让观众身心俱暖

北京冬奥会和冬残奥会期间，北京化工大学共有123名志愿者在延庆赛区的国家高山滑雪中心、阪泉综合服务中心、延庆交通枢纽等场所参与志愿服务，累计上岗服务时长超过30000小时，获得了各方的认可。北京化工大学志愿者徐天然在赛场内与“冰墩墩”斗舞的视频火遍网络，总点击量近7000万，并在冬奥会闭幕式播放，充分展现了大学生志愿者朝气蓬勃的风采。图5-5为北京化工大学志愿者和工作人员一起清除场馆积雪。

图5–5　北京化工大学志愿者和工作人员一起清除场馆积雪

成绩的背后有着多方的努力。《北京化工大学保障北京2022年冬奥会和冬残奥会志愿服务实施方案》显示，学校志愿者工作由党办、校办、组织部、宣传部、教务处、学生工作部、研工部、北区办、监察办、保卫处、人事处、财务处、后勤保障部、后勤服务集团、防控办、心理健康教育与咨询中心、校团委等多部门参与，共同设计、策划完成志愿者招募、培训及赛事服务的全过程。

尽管参加冬奥会赛会志愿者选拔有很高的“门槛”，但北京化工大学的学生们报名热情仍然很高。累计有3000余名学生提交申请。经过体能测试、英语测试、校级面试、场馆面试等多个环节，最终123名志愿者脱颖而出，其中包括3名在岗教师和6名兼职教师。为了让志愿者掌握服务的基本技能，在冬奥组委培训的基础上，北京化工大学还组织了多次应急救援、疫情防控、心理疏导及场馆和岗位培训，让志愿者在参与服务时游刃有余。此外，据校团委书记解静介绍，2021年北京化工大学曾邀请冬奥组委、社区、企业工作人员和冬残奥会冠军作为宣讲员，从不同角度帮助志愿者增长奥运知识，感受冬奥氛围。

北京冬奥会和冬残奥会期间，北京化工大学的志愿者分布在多个岗位，包括赛事服务、赞助企业服务、物流服务和交通服务等。同时，北京化工大学还有120名城市志愿者

参与四场开闭幕式的交通志愿服务工作。

从1月23日起，北京化工大学的师生志愿者们分批进驻延庆志愿者驻地，开始了冬奥会和冬残奥会的志愿服务。在阪泉综合服务中心，志愿者需要长时间在户外工作，为客人提供证件核验、交通指引等服务。为了抵御严寒，志愿者李恩琪想起自己在疫情封闭期间学习的太极拳，当即和其他志愿者一起在班车场站演练起来，引来外国友人加入，不仅活动了身体，也缓解了乘客等车时的焦虑情绪。为了应对极端天气，志愿者还向管理部门建议在综合服务中心开设临时休息室，引导等待时间较长的乘客到休息室取暖。

冬奥会闭幕式当晚，有几位在延庆的外国媒体记者要回张家口驻地拿行李，然后赶航班回国。但由于闭幕式实行交通管制，当晚已经没有跨赛区的班车回张家口了。北京化工大学跨赛区调度志愿者得知这一情况后，想尽各种办法联系相关人员，最终调动备用车辆将这4名记者送上了回张家口的路。

在国家高山滑雪中心，北京化工大学志愿者的热情给运动员和观众都留下了深刻印象，成了冬奥会赛场上一道靓丽的风景线。每场比赛开始前，热情的志愿者都会带着观众跳“热身操”，伴随着动感的节奏，大家挥舞着小旗在看台上动起来，让观众身心俱暖，如图5-6所示。

图5-6　北京化工大学志愿者在国家高山滑雪中心带领观众进行赛前热身

据了解，北京化工大学对志愿者的保障工作也非常到位。针对志愿者们工作地点寒冷的情况，学校准备了暖宝贴、冲锋衣等防寒物资。尤其值得一提的是，冲锋衣专门挑选了包含羽绒内胆的一款，非常保暖，上面还印有北京化工大学的专属标识，表达来自学校的关爱。针对部分志愿者经常会遇到下雪天的情况，学校还专门为他们配置了雪镜等物资。北京冬奥会和冬残奥会期间，北京化工大学共有9名教师带队，他们与学生志愿者同吃、同住、同服务，成了学生们的“主心骨”。北京化工大学国际学院团委书记宋威豪表示：“每天我们都要收集全体志愿者的工作和生活情况，根据他们的需求一对一精准提供指导，确保大家以最饱满的精神状态投入到志愿服务工作当中。”

思维拓展

看完北京化工大学志愿者的故事，你觉得志愿者应该具备怎样的技能？

相关链接

当代雷锋　　疫情中的志愿者

5.2　团结协作显光辉

一个和尚挑水喝，两个和尚抬水喝，三个和尚没水喝。

一只蚂蚁来搬米，搬来搬去搬不起，两只蚂蚁来搬米，身体晃来又晃去，三只蚂蚁来搬米，轻轻抬着进洞里。

这两首童谣，唱出了两种不同的结果。“三个和尚”之所以“没水喝”，是因为互相推诿、不讲协作；“三只蚂蚁来搬米”之所以能“轻轻抬着进洞里”，正是团结协作的结果。团结协作是一切事业成功的基础，个人和集体只有依靠团结的力量，才能把个人的愿望和团队的目标结合起来，超越个体的局限，发挥集体的作用。作为当代大学生，能否有效地融入团队对个人的成长会产生显著影响，而大学生群体的团队意识和团队精神也是衡量整个社会运行状态的一个重要指标。为了能更好更快地融入社会，大学生群体应当把握团队的内涵，增强对团队精神的认知，在正确的劳动价值观引导下积极践行团队精神，培养自己对工作尽职尽责、与同事相互协作、凡事为大局着想的思想意识和行为习惯。

> **名人语录**
>
> 一个团队并不是一堆有职位头衔的人，而是一群有着被他人所理解的团队角色的个人。团队成员寻求特定的角色，且在最接近他们本质的角色中表现得最有效率。
>
> ——梅雷迪思·贝尔宾

一、正确认知团队

团＝口＋才；队＝耳＋人；团队＝口＋才＋耳＋人。“口”指沟通，“才”指知识，“耳”指聆听，“人”指基本因素。以此可以看出，团队是需要有知识、有能力的人之间相互沟通、相互聆听、相互协助的。团队是由员工和管理层组成的一个共同体，有共同理想目标，愿意共同承担责任、共享荣辱。在团队发展过程中，所有成员经过长期的学习、磨合、调整和创新，形成主动、高效、合作且有创意的团体，解决问题，达成共同的目标。

二、团队的角色组成

剑桥产业培训研究部前主任贝尔宾博士和他的同事们经过多年在澳洲和英国的研究与实践，提出了著名的贝尔宾团队角色理论，即一支合理的团队应该由九种人组成，这九种团队角色分别为智多星、外交家、审议员、协调者、鞭策者、凝聚者、执行者、完成者、专业师。九种不同的角色各有优缺点（见表 5-2），但角色之间能力可以互补，没有完美的个人，但可以组建完美的团队。

表 5-2　团队角色的优点和缺点

团队角色	优点	缺点
智多星	充满创意，富于想象力，不会墨守成规，善于解决疑难	忽略现实琐事，过分沉迷于自我思维而未能有效表达
外交家	外向、热忱，善于沟通，能够探索新机会，开拓对外联系	过分乐观，一旦初期的热忱减退，可能会失去兴趣
审议员	深思熟虑，辨识能力强，周详考虑选项，判断准确	可能欠缺鼓舞他人的动力和能力，可能过于批判
协调者	冷静、自信，善于鼓励他人，能够澄清目标，有效授权	可能会推卸个人职责
鞭策者	善于推动，充满活力，能够承受压力，具备克服障碍的动力和勇气	动辄触怒别人，罔顾他人感受
凝聚者	忠诚合作，态度温和，感觉敏锐，待人圆滑，善于聆听，避免摩擦	紧迫情况下可能优柔寡断，逃避对抗
执行者	值得信赖，工作效率高，能够采取实际行动及组织工作	可能欠缺弹性，面对新机会时反应迟缓
完成者	勤勉苦干，忠诚尽责，渴求完美，善于发现错漏，能够把事情办妥	易焦虑，不愿别人介入自己的工作
专业师	专心致志，主动自觉，全情投入，能够提供专业知识和技能	只能在有限范围内做出贡献，沉迷于个人专业兴趣

三、优秀团队的特征

优秀团队应该具备的基本特征：明确的目标、清晰的角色、互补的技能、相互间信任、良好的沟通和合适的领导。

明确的目标：团队的每个成员可以有不同的目的、不同的个性，但作为一个整体，必须有共同的奋斗目标。

清晰的角色：有效团队的成员构成，每个成员应清楚了解自己的定位与责任。

互补的技能：团队成员要具备为实现共同目标的基本技能，并能够有良好的合作。

相互间信任：相互信任是一个成功团队最显著的特征。

良好的沟通：团队成员间拥有畅通的信息沟通渠道，才会使成员的情感得到交流，才能协调成员的行为，使团队形成凝聚力和战斗力。

合适的领导：团队的领导往往起到教练或后盾作用，他们为团队提供指导和支持。

读案例

案例 1　2022 北京冬奥会吉祥物的诞生

随着 2022 年北京冬季奥运会的举行，冬奥吉祥物“冰墩墩”“雪容融”（见图 5-7）迅速走红。特别是“冰墩墩”线上线下销售火爆，甚至出现“一墩难求”的场面。

图 5–7　冬奥会吉祥物

“冰墩墩”是由广州美术学院团队设计的作品，经过严格评审，从全球近 6 千件参选作品中脱颖而出，正式被确定为 2022 年北京冬奥会吉祥物。2022 年北京冬奥会和冬残奥会吉祥物发布活动如图 5-8 所示。

图 5-8　2022 年北京冬奥会和冬残奥会吉祥物发布活动

这个憨态可掬的大熊猫形象的吉祥物，到底是怎么诞生的？它有什么独特的魅力能引起众人追捧？“冰墩墩”设计总执行刘平云揭秘了“冰墩墩”诞生过程，讲述了“冰墩墩”创作背后的故事。

20 天创作 16 套方案

2018 年 8 月 8 日，北京冬奥组委向全球发出吉祥物征集公告；10 月 10 日，冬奥组委的专家团队来到广州宣讲，希望可以向更多的设计团队清楚地传达冬奥会对于吉祥物的要求、理念。可是这时距离吉祥物方案的最后递交时间只剩下 20 天。

曹雪是广州美术学院视觉设计学院院长，也是广州标志的设计者。广州美术学院迅速以曹雪院长为首，召回在外攻读博士的刘平云副教授担任此次任务的总执行，在宣讲会的第二天就召开了第一次的创作会议。“我们每天开两次会，上午进行理念的碰撞，然后开始创作，晚上再开会确定。”刘平云介绍说，“就在这么短的时间里，我们一共交出了 16 套方案。”

2019 年的春节前夕，曹雪接到了冬奥组委要求修改方案的电话，“这意味着我们有作品入围了”。然而这只是漫漫长路的开始，在之后半年里，广美团队承受着巨大的压力，甚至不少团队成员因为设计图发生过激烈的争执。“我就像一个润滑剂一样，一直在安抚着大家的情绪，帮助大家坚持了下来。”曹雪在回忆那段时间时低下了头，“那段时间，真的太难太难了！”

所有的坚持都是值得的，最终由广美团队创作的“冰墩墩”得到了北京冬奥组委的认可，并得到了国际奥委会主席巴赫的大加赞赏。冬奥会吉祥物的设计者，广美团队完成了一项自己未曾想象过的成就。

南方孩子对冰雪没感觉？他们实力 say no

回忆起2018年10月10日在广州的宣讲会，那是冬奥组委专家团队全国巡回宣讲的最后一站，要知道这次宣传距离最后的截止时间已经很近了，在大家看来，也许大部分人都对广美设计冬奥会吉祥物这件事不抱希望。

“当时来广州宣讲的专家都觉得，你们身处广州的孩子没怎么见过冰雪，可能心里想，你们还能设计出优秀的作品？”于是曹雪在宣讲会上鼓励所有的老师和学生，“越是没有见过冰雪的孩子，也许对冰雪越是有超强的想象力和创造力。”

不料这句狠话最终成真！

在短短的20天内，广美团队一共交出了16套方案，最终名为《冰糖葫芦》的作品进入最后修改阶段……

2019年的大年初三，广美团队就通知全员到位，开始修改作品…… 在接下来的几个月中，冰糖葫芦只保留了冰晶外壳，内核更换成一些有代表性的动物，熊猫、老虎、麋鹿、藏羚羊……但在全球范围内都受到宠爱的熊猫成为最终选择。确定了熊猫之后，又出现了一个巨大的难题——如何画出一只前所未有、与众不同的熊猫。

熊猫在中国很多次不同的运动会中成为吉祥物，例如1990年北京亚运会、2008年北京奥运会，再加上动画电影中的熊猫形象，人们已经很难想象出不同样子的熊猫。

“因为熊猫的形象被使用太多次了，很难跳出那个框框。”刘平云在介绍创作过程时说，“我们也想过很多办法，像是给熊猫加一些传统的元素，例如祥云等，但是被冬奥组委的专家否决了。他们不希望我们加任何传统的元素，希望我们可以在现代感、未来感上继续想象。”

广东创新性赋予熊猫时代感

“后来，我们从冬奥会新建的国家速滑馆‘冰丝带’的图片获得了灵感，给熊猫加了冰晶外壳，脸部就是五色冰丝带的造型，这象征了一个能量环。如果熊猫需要滑冰，能量环就可以幻化成冰刀，要打冰球就变成球棍……”刘平云介绍说，“我们加的冰能量、冰丝带就是未来感的概念。”

南方的孩子给熊猫加上了科幻的力量，让这个“冰墩墩”变化出更多的可能。广东处于改革开放的前沿，一直敢为天下先，而身处广东的广州美术学院同样在前卫这条路上走在前面。“广州是个包容开放的城市，这片土地滋养了我，所以当我完成了这么一件事，是很有纪念意义的。”来广州20年的曹雪介绍，广州这座城市开放、包容的特点在这次设计中也有体现，也有可能是令冬奥组委对广美的一系列设计特别青睐的原因之一，“他们看到我们的方案后觉得，广美做的方案特别新潮，有未来感、时代感。可能我们身处其中不太能感受到，但他们却敏锐地捕捉到了这一点。”

案例 2　女排精神：为中华崛起拼搏的时代最强音

“感动中国 2019 年度人物”组委会为中国女排的颁奖词：“几十年拼搏不息，几代人热泪盈眶，在低谷中奋起，从不放弃，面对强敌出手从不言败，他们的身影是民族性格的缩影，他们的脚步是一个国家成长的历程，奏国歌升国旗，他们超越了体育，是国家的英雄。”

女排精神为什么能成为时代的引领？让我们跟随中国女排的脚步，寻找其精神力量的生成，探索其穿透时代的力量。

站在新时代的历史起点，中国社会不再需要一场比赛的胜利来证明自己。竞技体育也走上了职业化的发展道路，人们能够以更平常的心态看待竞技场上的得失。然而，人们并没有遗忘“女排精神”，没有遗忘女排队员在赛场上的汗水与呐喊。

回顾中国女排的一路征程，“爱国是灵魂，团结是法宝，拼搏是特质。”这也是女排精神穿透时代的力量所在，学习女排精神，核心就在于在实际的工作和生活中践行爱国、团结和拼搏。

专业中的爱国

“升国旗、奏国歌”单靠精神不能赢球，还必须技术过硬。这需要队员们热爱和敬畏自身的职业，练好、打好每个球，这也离不开国家的发展和支持。郎平的这句话表达出了最简单也是最深沉的爱国之情。对于每个行业和每个人来说，爱国首先是要正确认识个人与国家的辩证统一关系，得其大者可以兼其小，将小我融入大我，传好历史的接力棒。更重要的是，将爱国的情感转化为理性的认知和自觉的行动。坚守好自己的岗位，做好自己的本职工作，将职业做成专业，在国家需要的时候能豁得出也顶得上。

集体中的个性

郎平曾在文章中写道：“在我的字典里，‘女排精神’包含着很多层意思。其中特别重要的一点，就是团队精神。女排当年是从低谷处向上攀登，没有多少值得借鉴的经验，但是在困难的时候，大家总能够团结在一起，心往一块想，劲往一处使。”执教中国女排时，郎平用上了团队协作的法宝，采取“大国家队”的训练模式，不拘一格选拔队员，每年都有“天才少女”不断涌现，增强了中国女排的团队实力。所以说，一个好的团队，既要有个性的凸显和光芒，更要有集体的统一和进步。在社会分工越来越专业、也越来越细化的今天，我们既需要个性，更需要共性，更强调合作，因此我们要学会辩证对待与正确处理个人与他人、个人与集体、个人与社会的关系，学会竞争与合作，实现集体与个人的双赢。

拼搏中的幸福

2020 年全国两会时，中国女排国家队队长朱婷在答记者问时说，女排精神不是在胜利的时候才有，有时候明知道得不到冠军，也会竭尽全力，这种信念一直都在。从“竹棚”训练场上“三从一大”的刻苦训练，到“一个球哪怕你接不住，也要拼尽全力冲过去”，从“一分一分咬下来”到“有时候知道不会赢，也竭尽全力”。奋斗拼搏成就了女排，这是中国女排让几代人热泪盈眶的原因，也激励着几代人投入到国家富强、民族振兴和人民幸福的奋斗征程中。

由此可知，女排精神不是喊出来的，是拼搏出来的。中国女排的身影也是中华民族性格的缩影，我们的社会主义事业也是一步步拼出来、干出来的，同样，我们每个人的幸福也是奋斗出来的。

学习女排精神，就是要学习踏实付出，在不服输、不放弃中把美好的愿景转化为实际的行动。

思维拓展

1. 读完案例，思考曹雪和刘云平分别在团队中担任什么角色？

2. 对照团队精神，你认为怎么样才能更快、更好地融入社会？

相关链接

大雁的智慧　　感动中国—塞罕坝　　感动中国—中国女排

5.3 在创新中提升劳动价值

创新是经济发展的动力，国家在实施创新驱动发展战略中最关键的一环是人才的发展，不断提高劳动者的素质，培养学习型、知识型、创新型的新时代劳动者。青年是社会上最富活力、最具创造性的群体，理应走在创新前列，争做新时代创新型青年劳动者，不断提升劳动价值。

在创新中提升劳动价值

“蜜蜂建筑蜂房的本领使人间的许多建筑师感到惭愧。但是，最蹩脚的建筑师从一开始就比最灵巧的蜜蜂高明的地方，是他在用蜂蜡建筑蜂房之前，已经在自己的头脑中把它建成了。”马克思在《资本论》中借用蜜蜂筑巢的例子来说明劳动者在经过创造性劳动后能改造世界，并提出了“自由创造”的劳动观。而这种劳动观在新时代正体现为培养具有创新精神、创新意识、创新思维和创新能力的劳动者，以主人翁的姿态，积极投身社会主义现代化建设。

一、创新精神

创新精神是指要具有能够综合运用已有的知识、信息、技能和方法，提出新方法、新观点的思维能力和进行发明创造、改革、革新的意志、信心、勇气和智慧。

名人语录

同是不满于现状，但打破现状的手段却不同：一是革新，一是复古。

——鲁迅

创新精神是一种勇于抛弃旧思想旧事物、创立新思想新事物的精神。不满足已有认识（掌握的事实、建立的理论、总结的方法），不断追求新知；不满足现有的生活生产方式、方法、工具、材料、物品，根据实际需要或新的情况不断进行改革和革新；不墨守成规（规则、方法、理论、说法、习惯），敢于打破原有的条条框框，探索新的规律、新的方法；不迷信书本、权威，敢于根据事实和自己的思考，质疑书本和权威；不盲目效仿别人的想法、说法、做法，不人云亦云，不唯书唯上，坚持独立思考，说自己的话，走自己的路；不喜欢一般化，追求新颖、独特、异想天开、与众不同；不僵化、呆板，灵活地应用已有知识和能力解决问题……都是创新精神的具体表现。

创新精神是科学精神的一个方面，与其他方面的科学精神不是矛盾的，而是统一的。例如，创新精神以敢于摒弃旧事物和旧思想、创立新事物和新思想为特征，同时创新精神又要以遵循客观规律为前提，只有当创新精神符合客观需要和客观规律时，才能顺利地转化为创新成果，成为促进自然和社会发展的动力；创新精神提倡新颖、独特，同时又要受到一定的道德观、价值观、审美观的制约；创新精神提倡独立思考、不人云亦云，并不是不倾听别人的意见、孤芳自赏、固执己见、狂妄自大，而是要团结合作、相互交流，这是当代创新活动不可少的方式；创新精神提倡胆大、不怕犯错误，并不是鼓励犯错误，只是表明出现错误认知是科学探究过程中不可避免的；创新精神提倡不迷信书本、权威，并不反对学习前人经验，任何创新都是在前人成就的基础上进行的；创新精神提倡大胆质疑，而质疑要有事实和思考的根据，并不是虚无主义地怀疑一切……总之，要用全面、辩证的观点看待创新精神。

只有具有创新精神，我们才能在未来的发展中不断开辟新的天地。

二、创新意识

> **名人语录**
>
> 一个具有天才的禀赋的人，绝不遵循常人的思维途径。
>
> ——司汤达

创新意识是人们对创新与创新的价值性、重要性的一种认识水平、认识程度及由此形成的对待创新的态度，并以这种态度来规范和调整自己的活动方向的一种稳定的精神态势。创新意识总是代表着一定社会主体奋斗的明确目标和价值指向，成为一定社会主体产生稳定、持久创新需要、价值追求和思维定式及理性自觉的推动力量，成为唤醒、激励和发挥人所蕴含的潜在本质力量的重要精神力量。创新意识是人类意识活动中的一种积极的、富有成果性的表现形式，是人们进行创造活动的出发点和内在动力，是创造性思维和创造力的前提。创新意识是决定一个国家、民族创新能力最直接的精神力量。在今天，创新能力实际就是国家、民族发展能力的代名词，是一个国家和民族解决自身生存、发展问题能力大小的最客观和最重要的标志。只有具备创新意识，社会才能不断涌现出新人、新事、新技术、新工艺、新制度等新鲜事物。

创新意识促成社会多种因素的变化，推动社会的全面进步。创新意识根源于社会生产方式，它的形成和发展必然进一步推动社会生产方式的进步，从而带动经济的飞速发展，促进上层建筑的进步。创新意识进一步推动人的思想解放，有利于人们形成开拓意识、领先意识等先进观念；创新意识会促进社会政治向更加民主、宽容的方向发展，这是创新发展需要的基本社会条件。这些条件反过来又促进创新意识的扩展，更有利于创新活动的进行。

创新意识能促成人才素质结构的变化，提升人的本质力量。创新实质上确定了一种新的人才标准，它代表着人才素质变化的性质和方向，它输出着一种重要的信息，即社会需要充满生机和活力的人、有开拓精神的人、有新思想道德素质和现代科学文化素质的人。它客观上引导人们朝这个目标提高自己的素质，使人的本质力量在更高的层次上得以确证。它激发人进一步发挥自己的主体性、能动性、创造性，从而使人自身的内涵获得极大的丰富和扩展。

三、创新思维

> **名人语录**
>
> 创新有时需要离开常走的大道，潜入森林，你就肯定会发现前所未见的东西。
>
> ——贝尔

创新思维是人类思维的高级过程，在人类社会生活的一切领域都发挥着非常重要的作用。

创新思维是一种顿悟，但不是一瞬间的顿悟，而是一辈子的坚持。要时刻保持创新意识，激发创新的思维方式，才能在众多的思考中豁然开朗，得到创新的顿悟和答案。同样地，也只有在长期坚持创新意识、不断思考和顿悟中才能培养出创新的思维。

创新思维并不是个别天才独有的神秘之物，而是每个正常人都具备的能力。不管是日常学习、工作、生产、经商、经营家庭，还是政府决策，都在使用创新思维解决问题。

创新思维是打破常规，质疑和批判已有的理论和做法，不拘泥于某种思维方式，既有抽象思维又有形象思维，既有逻辑思维又有依靠直觉和灵感等的非逻辑思维，既有发散思维又有聚合思维等，需要多角度看问题，运用独特的方法解决问题。

创新思维建立在大量的实践之上，往往需要人们付出艰苦的脑力劳动。一项创新思维成果需要经过长期的探索和挫折才能取得，这种成果可以转化为知识、信息、技术、产品等，创造巨大的价值和社会意义，甚至对生产力产生推动和变革。

四、创新能力

> **名人语录**
>
> 可持续竞争的唯一优势来自超过竞争对手的创新能力。
>
> ——詹姆斯·莫尔斯

创新能力是在创新过程、创新活动中所体现出来的综合能力。创新思维是创新能力的核心，需要一个人具备自我创新、预测角色、应变、处理信息、组织协调和语言表达能力等。创新能力不是天才的专利，人人都可以创新。大量实践证明，开发和提升人的创新能力可以创造出比传统经济时代高出多倍的效益。

只有将六种基本能力，即发现问题的能力、流畅的思维能力、变通的能力、独立创新的能力、制定方案的能力和评价的能力，组成一个有机的整体，协调一致发展，创新能力才能得到充分发挥。

读案例 大疆从初创到无人机帝国的进阶之路

根据 Skylogic Research（商业无人机行业研究咨询公司）2017 年的一项研究，大疆目前掌控着全球无人机市场约 72% 的份额，其创新产品战略不断推动品牌发展，推出业内最前沿的无人机产品，使其竞争对手望尘莫及，堪称“创新狂魔”“生产狂魔”。

大疆的创立

大疆这座无人机“帝国”于2006年开始于大学生汪滔的宿舍里。从香港科技大学毕业后，汪滔决心追逐梦想，把当时仍是初创公司的大疆搬到了深圳，将剩余的大学奖学金全部投注到公司上。事实证明，迁到深圳是大疆未来取得成功的关键一举。图5-9为大疆公司的标志。

图5-9　大疆公司的标志

大疆很早就开始销售DIY无人机和控制器。但直到2013年，大疆才发布第一款消费级无人机——精灵Phantom 1。大疆自始至终追求创新，专注于设计和技术融合，致力于打造先进又价格亲民的优质产品。从精灵Phantom 1到最近发布的“御”Mavic Air，大疆向大众展示出了其无人机技术在极短时间内取得的极大进步。

研发投入

大疆凭借着对研发的大规模投入、对高质量的执着追求及扎根深圳的地理优势，在无人机市场发展的早期阶段，便有足够的能力制造出关键的硬件和软件，这使得他们完全能以一己之力推动无人机技术向前发展，远超其他竞争对手。

大疆最早的成就之一是其先进的GPS系统。在GPS技术被集成到无人机之前，操作者原本无法确定无人机在空中的方位。这个问题极大地影响了整体的用户体验，并造成了许多潜在用户的流失。随着GPS模块和内置罗盘的集成，这项技术变得更加安全和易用，操作者终于可以完全掌控无人机，让其在特定位置盘旋。

大疆还有另一个重大技术突破，即它们的Lightbridge传输系统（大疆首款全高清数字图像传输系统）。在Lightbridge技术出现之前，用户原本是无法实时查看无人机镜头在远处空中拍摄的画面的，这就阻碍了无人机在娱乐和商业领域，尤其是在航拍和摄像领域更广泛的应用。而随着Lightbridge技术的应用，操作者可以直接从智能手机上实时观看无人机拍摄的高清视频，以便第一时间查看和完善自己的航拍照片和视频。

另外，大疆的自诊断软件也迈出了业内技术水平的又一大步。在无人机技术发展的早期，无人机发烧友们只能根据彩灯闪烁的情况来判断无人机出现的问题或缺陷。但有了大疆创新性的自诊断软件，用户可以轻松查看和自主测试无人机的每个部件，无须依赖灯光。得益于这项能够快速、轻松地确定无人机运行状况的技术，大疆无人机成为人们寻求可靠、安全和易用产品的心仪之选。

创新永不止步——大疆精灵系列

大疆代表性的精灵系列展示了它们在无人机技术快速创新方面的不懈追求。从精灵Phantom 1到精灵Phantom 4 Pro，大疆致力于在每一款新发布的无人机中实现技术改进，包括关键技术的发明，续航里程、时间和相机质量等方面的不断升级，使它们的无人机技术始终领先竞争对手一大截。

创新不仅要实现新技术的突破，也可以是商业模式的创新，数字化时代那些快速将技术融合到商业模式中的企业能更快地获得成功。

2013年发布的精灵Phantom 1是大疆首款应用了内置GPS系统的无人机产品。这款产品创新战略下催生的无人机具有革命性的意义，因为在此之前，用户无法固定飞机在空中的位置，这让他们难以自如地操纵无人机。内置GPS系统的应用意味着用户可以更精确地操控无人机，即使用户放开遥控器，无人机也可以自主固定位置或悬停在原处。内置GPS系统的集成最终使大疆的无人机比当时任何其他品牌的产品都更加安全可靠，也让操作者对无人机的控制前所未有地得心应手。

随后大疆推出精灵Phantom 2系列，继续在创新和发展无人机技术的道路上大步向前。在这款产品中，首先大疆延长了产品的续航里程和电池寿命，这样无人机就可以在空中停留更长时间、飞得更远。这项改进的重大意义在于，从前操作者需要频繁地让无人机着陆进行续电，很大程度上影响了整体的使用体验，而现在则不再需要如此周折。其次，精灵Phantom 2 Vision和Phantom 2 Vision+还附带了一个在更长续航距离下可选用的Lightbridge 1附加组件，以及一个稳定可靠、最远可达1千米的高清视频下行链路，这在当时可是闻所未闻的重大创新。这点同样意义重大，因为这样无人机操作者就可以通过智能手机查看和完善拍摄出来的高清航空照片和视频，从而充分发挥出无人机技术的创造性潜力。

精灵Phantom 2 Vision+还额外配备了首款三轴云台系统。在早期的无人机产品中，用户要么需要购买并自行安装摄像头和云台系统，要么使用只能上下移动的摄像头，即使这样，镜头仍然容易晃动。而Phantom 2 Vision+先进的三轴云台系统保证了航拍影像的流畅和稳定，并让操作者能更自由地拍摄动态创意画面。

然而，大疆不断树立里程碑的壮举还没有结束。精灵Phantom 3系列的发布使公司成功占据市场主流。首先，精灵Phantom 3系列装配了内置Lightbridge系统和全新的底部视觉定位系统，增加了航拍的稳定性和精确度。除此之外，该系列还有另一个重大改进，便是将其内置GPS系统与俄罗斯格洛纳斯卫星导航系统（GLONASS）集成，使无人机能够连接更多的卫星，运行更加稳定，位置更加精确。

在精灵Phantom 3系列的推行中，大疆还附带推出了DJI Go应用程序。通过DJI Go应用程序，无人机操作者可以轻松连接并操纵无人机的摄像头和进行飞行控制，如果发现无人机有任何问题，应用程序会自动发出警报。这款应用程序界面精简、操作方便，使无人机技术更贴近大众，吸引更广泛的受众使用。

随后，革命性的精灵Phantom 4系列发布，继续展示着大疆不断推动无人机技术达到新高度的过人实力。精灵Phantom 4系列配备了全新设计的云台装置，新型云台支持的不再是单个镜头，而是无人机两边的摄像头都能支持。另外，还采用了全新升级的镁合金材料来增加稳定性和强度。这意味着操作者不再需要担心他们的无人机会拍摄出抖动或不稳定的画面，几乎可以保证画面影片级、无振晃的流畅效果，达到更专业的视觉成效。

精灵 Phantom 4 系列还配备了双 IMU 传感器和双罗盘装置，以适应更长的续航时间和更快的反应时间，同时还配有业内首款障碍感知系统，使无人机能够智能地识别其路径上的障碍物，及时停止或绕开。这款先进的障碍感知系统保证了大疆无人机更安全、更可靠地飞行，让操作者更加放心，操作更加稳健。此外，利用障碍感知系统，大疆无人机还能应用一系列智能飞控模式，包括“智能跟随”模式和“指点飞行”模式。

在整个精灵系列的发布过程中，大疆展示了它们的独创才智和发展无人机技术的奇思妙想。所发布的每一个系列都不断革新核心技术，使其无人机质量和安全性都远超其他竞争对手；每推出一个新款，产品的续航里程、摄像技术、成片质量、电池寿命和飞行性能都在不断提高。大疆在技术发展的道路上从未放慢脚步。从精灵 Phantom 1 10 分钟的飞行时间、约 300 米的飞行距离、还没有摄像头，到精灵 Phantom 4 Pro 30 分钟的飞行时间、7 千米的飞行距离，以及一个 20 G 像素的摄像头，大疆实实在在地证明了，它们的的确确有能力将无人机技术提升到其他企业不可睥睨的高度。

更小巧的可折叠无人机

续接精灵系列的巨大成功，大疆在 2016 年 9 月发布了它们的第一款小巧型可折叠无人机——大疆“御”Mavic Pro。“御”Mavic Pro 的发布表明了无人机技术已经再次发展到了全新的阶段，机型越来越小，对大众而言使用越来越方便。“御”Mavic Pro 与精灵系列的不同之处便是其便携和小巧的设计。“御”Mavic Pro 折叠起来大约只有一个水瓶大小，在市场上同等功能的无人机中，还从未有能与之相比的机型大小。“御”Mavic Pro 一经发布就成为全球最受欢迎的消费级无人机，显示出大疆在创造一款集先进技术、时尚设计和用户友好功能于一身的无人机方面取得的巨大成功。

大疆在接下来的进阶之路上，又发布了它们有史以来最小型的无人机——大疆“晓”Spark。这款产品的质量只有 300 克，也是大疆迄今为止价格最亲民的无人机。“晓”Spark 针对的是普通的无人机爱好者和初入门者，其特点是简易的操作方法和全新的“Gesture”高级飞行模式，该模式下，用户可以通过简单的手势控制无人机的飞行。通过“晓”Spark，大疆再一次展示了先进技术和小巧机型完美融合的创新成就。

随后，大疆最新发布的“御”Mavic Air（见图 5-10）主打功能强大、便于携带、适合所有级别和年龄的无人机爱好者使用。在该产品发布的时候，大疆已经成为无人机行业的领导者，在一众竞争者之中一骑绝尘，它们的对手只剩下自己。通过“御”Mavic Air，大疆又一次展示了他们的永不止步的精神。“御”Mavic Air 比其前代产品机型更小、功能更加先进，包括搭配三轴云台，12 G 像素

图 5-10　“御”Mavic Air

高清相机，前、后、底部三方位的障碍感知系统，8GB 的内存，以及更加智能的飞行性能。发布后，“御”Mavic Air 成为了全球无人机市场最受欢迎的消费级无人机，进一步巩固了大疆在无人机行业的主导地位。

大疆的商业扩张

在消费级无人机领域取得成功后，大疆意识到企业市场的巨大增收潜力，继而开始向企业领域进军。在继续主导消费级无人机市场的同时，大疆坚持不懈地投入开发它们的专业级无人机产品线，包括“悟”Inspire 系列和经纬 Matrice 系列。“悟”Inspire 系列专门为满足电影和电视行业的专业需求而设计，而经纬 Matrice 系列则是为了各个行业部门的商业和工业监测而设计。

大疆专业级无人机的魅力和创新性在于，它们把为消费级无人机而开发的关键基础技术，完美整合到了专业级无人机之中。通过这种方式，大疆的专业级无人机既能保持用户体验友好的特色，又能执行专业要求较高的企业任务。从对道路、建筑和桥梁进行空中监测和调查，到执行救援任务，大疆将无人机技术运用的发展潜力，提高到了改善甚至转变全球各行业运作方式的高度。基于对研发的大量投入和对创新的不懈追求，大疆改变了世界对无人机技术的看法，无人机不再仅仅被视为一种航拍工具。随着人们对无人机潜力认识的不断提高，大疆无人机在公共安全、基础设施、能源和建筑等多个领域的应用都在不断增加，从而扩大了大疆在专业级和消费级无人机两个市场的主导地位。

多样化产品创新战略——相机和云台

事实证明，将无人机技术扩展到科技行业的其他领域，可以说是大疆取得“霸主地位”的一个关键举措。数年来，在其竞争者仍苦苦挣扎于推出单单一款产品的时候，大疆一直在源源不断地推出各类专门的无人机产品，覆盖从专业人士到普通消费者的全面需求。而近年来，大疆加大了对自身品牌的相机和云台系统的拓展投入，产品包括灵眸 Osmo 系列、如影 Ronin 系列云台和禅思 Zenmuse 系列云台相机。2017 年，大疆甚至收购了相机行业的代表性企业哈苏（Hasselblad）的多数股权，这表明了大疆的视野将不仅仅局限于无人 机，而是要越来越多地关注到更多元的技术领域。通过对无人机、相机和云台设备巧妙的交叉推广，大疆得以翱翔于整个科技市场，创建出了与苹果公司类似的完整的“大疆生态系统”，在大众和市场眼中，大疆早已超越了简单的“无人机制造商”的范畴。

从初创到帝国

从精灵 Phantom 1 到“御”Mavic Air 如此短的时间内，大疆用事实证明，只要坚定不移地追求创新，无人机技术就能够达到曾经看起来遥不可及的高度。从消费级无人机到专业级别的经纬 Matrice 系列，大疆成功地从消费级市场拓展到专业级市场，并在两个领域都占据了主导地位。回顾精灵 Phantom 1 推出以来的发展，大疆一直致力于技术创新，从不甘于平庸。带着这种决心，大疆让世界亲眼见证了它们的产品越来越小巧、技术越来越安全、使用越来越人性化、价格越来越便宜的进阶之路。

展望未来，大疆没有任何放缓脚步的迹象，反而仍在不断发展无人机技术的同时，准备着继续征服市场。在未来，预计大疆将继续拓展专业相机设备领域的业务，以进一步扩大其在消费级和专业级市场的主导份额。对比无人机与其他技术的发展，我们似乎正在见证着无人机技术新一轮的进阶过程。

思维拓展

1. 阅读上述案例后，你认为创新意识在企业竞争中有着什么样的作用？

2. 在生活或工作中你是否发现可以通过创新去改善和提高的事项？如有，请写出来。

相关链接

护士变身发明家

淘粪工的逆袭，获 9 项发明专利

5.4　在创业中凸显劳动价值

在创新中凸显劳动价值

爱因斯坦曾说，我们所面对的重要问题，是无法在我们思考和创意的相同层次上获得解决的。所以创意和创新不能从根本上解决问题，我们只有通过创业的途径才能使创意和创新落到实处。创业是创新的延续。

青年作为早晨八九点钟的太阳，是最具创业活力和潜力的群体。技术革命、数字经济的发展，为青年创业带来更多的机会。同时，国家提倡“大众创业、万众创新”，越来越多的大学生选择创业。要想在众多的创业者中脱颖而出，取得成功，需要全面认识创业的特点，做好充足的准备工作。

一、创业的特点

创业是一个创造价值的过程。开创的新事业必须是有价值的，不仅对创业者本身有价值，对社会更要有价值，价值属性是创业的重要社会属性。

> 名人语录
>
> 创业，既不是科学，也不是艺术，而是实践。
>
> ——彼得·德鲁克

要完成整个创业过程，创造新的有价值的事物，就需要大量的时间、充沛的精力和足够的体力。大多数创业活动的初期都处于非常艰苦的环境，唯有不断努力，才能一步步前进。

创业要承担必要的风险，这种风险可能有各种不同的形式，但通常情况下，创业风险主要包括人力资源风险、市场风险、财务风险、技术风险、外部环境风险等。创业者应具备超人的胆识，勇于承担多数人望而却步的事业风险。

创业将给创业者带来回报。通常情况下，风险和回报呈正向相关关系。创业不仅会带来物质的回报，也会带来精神的回报，它是创业者进行创业的动机和动力。

二、创业的前期准备

首先，要客观地分析自己是否具备相应的能力和心理素质。比如，承担风险的能力、创新能力、决策能力和领导能力。要对个人的创业条件进行综合分析，在了解自己的个性特征、能力素质、需求等内部因素及资源、环境等外部因素的基础上，根据自己的理想、追求确定适合自己的创业发展方向和目标，并制定相应的职业规划。

第二，充分利用大学时间，充实自我，全面提升个人能力。多看各方面的书籍，多参加一些社团活动，利用寒暑假做一些与所选项目相关的工作，以增加对行业的了解。要学会理财，对经营项目的投资、筹资、成本、收益等做出可信的测算，学习常用的财务管理知识。

第三，充分利用大学资源，有效接触社会，拓宽自己的人脉。在大学校园可以结交良友，多进行思想交流，从而物色将来的创业合伙人。

第四，尽自己所能准备创业资金。大学生赚钱的途径有限，可以通过兼职或者承接与自己未来创业项目相关的订单来积累资金，这样也为日后的创业之路积累经验及人脉。

第五，了解创业政策。政府对大学生创业是持鼓励态度的，所以在创业前一定要多多了解和掌握创业的相关政策，包括融资服务、场地扶持、税费减免、专家指导等。

第六，做好充分的心理准备。创业者一定要有过硬的心理素质，自我意识上要自信和自主；性格上要开朗、坚持、果断和刚强；情感上要更有理性。成功的创业者应该能做到不以物喜、不以己悲。在漫长的创业过程中随时都可能出现意想不到的问题，遇到挫折和困难，创业者要有艰苦奋斗、坚持不懈的心理准备。

一个创业项目如果没有成功，并不代表这个创业者是失败的。目前的所获皆为积淀，目前的所失也是进步。

三、创业能力的培养

（一）把握创业机会

创业是一个复杂、艰辛的过程，它需要超越自身拥有资源的限制，运用社会资本、市场机会、领导才能和大胆创新，来实现资源在更大范围内的整合和价值创造，因此，我们需要培养和提高创业能力。

良好的开端是成功的一半，好的创业项目可以让创业者在创办企业的过程中事半功倍，降低创业风险。许多富有创业激情的大学生常常在各种名目繁多、种类复杂的市场机会面前犹豫徘徊，为应该选择什么样的项目而烦恼。有关研究机构发现：发现市场机会并合理地选择创业项目是大学生创业成功最关键的因素之一。大学生要充分认识创业机会，寻找和发现创业机会，科学合理地构思创业项目，评估创业项目，最终找到一个合适的且有一定市场前景的创业项目。

（二）把握创业模式

大学生在开始创业前首先要做的是找到一个自己能把现有资源有效整合的创业模式，具体可以参考以下五种创业模式。

（1）白手起家打天下——积累演进模式

成功是积累出来的，积累就是从小事做起、从基础做起，在创业的过程中学习积累，把自己的知识和经验像滚雪球一样逐渐滚大，由量变引起质变，最后成就一番事业。

年轻没有失败，大学生的资本就是年轻，较低的起始门槛会使大学生们走很长一段弯路，经历无数的挫折和失败，期间也会有很多的机会与陷阱，这也就意味着必须要付出代价，付出更多的努力，交更多的学费，承受更多的孤独，遭受更多的误解。但这些失败与挫折也会一次又一次推动你向前更进一步。道路虽然坎坷，但尽头就是光明，它将一直指引着你。

（2）站在巨人的肩膀上——依附式创业模式

大学生如果首先选择以未来自主创业为目的的就业，那么就应充分利用公司或企业的平台资源，广泛结交和积累人脉资源和其他资源，不断提升自身的能力。先在职就业，等各方面条件充分成熟后，再开创自己的事业。

与个人创业比起来，连锁加盟能够为大学生创业者提供已有的品牌、规范的运营模式、健全的市场机制等一系列成熟的经营模式。连锁加盟具有分享品牌资源、分享经营诀窍、分享资源支持的特点，为大学生创业者省去诸多的创业烦恼，并且提高了创业的成功几率。

（3）卖大脑无限空间——知识风险模式

知识风险模式就是大学生将自己拥有的专长或技术发明转化为直接的生产力，通过知本+资本的方式发展成为企业。知本指的是大学生创业者所具备的某一专业特长、技术特长，或成功研制的一项新产品、新工艺；资本指的就是投资者的风险投资。

知识风险模式主要集中于电子信息、生物技术、高科技农业等技术含量高、知识密集型的行业。

（4）大树底下好乘凉——模拟孵化模式

如果你已经决心创业，创业大赛将为你提供锻炼的机会和展示的舞台，你可以通过这个舞台熟悉创业程序、储备创业知识和经验，以及接触和了解社会。企业孵化器由于具备创业的良好物理空间和服务体系，是大学生自主创业的沃土。

（5）不走寻常路———网络创业模式

随着网络技术的飞速发展及网络经济的迅速崛起，网络创业模式也已成为时代宠儿。

不同的创业模式对创业者的素质要求是不同的，准确判断自己的优势和劣势，选择最适合自己的创业模式，可以化解很多不利因素。天高任鸟飞，海阔凭鱼跃，只要拥有一个坚定的创业梦想和一双勤劳的手，大学生创业者就能闯出一片属于自己的天地。

读案例

积累经验和人脉，兼职读研找到创业商机

在别的同学四处投简历时，他早已被实习单位看中，没毕业就成了业务骨干；在新单位上上下下对他评价都不错时，他却决定“单飞”，踏上创业之旅。

他叫赵海涛，在家乡吉林读完本科后，来到华东师范大学体育产业与管理专业继续深造。毕业一年后，创办了上海百昌体育文化发展有限公司。

兼职经历收获多

赵海涛觉得，读管理专业，自己最欠缺的是实践经历。他的想法也得到了导师的认可。凭着对体育的爱好，他从研一开始，便利用节假日，在拓展培训公司做起了兼职教练。在工作中，赵海涛接触了形形色色的企业，每个团队都体现了不同的处事、沟通方式。工作间隙，赵海涛便会主动和队员们攀谈，这成了他了解职场、了解商场的第一步。研三时，经导师介绍，他来到市体育局下属一家公司从事体育场馆和赛事招商方面的工作。通过与专业协会打交道，与各大品牌公司打交道，赵海涛慢慢铺开了人际网络。刚开始做拓展训练时，风吹日晒一天，收入仅50元。在公司实习时，他加班比正式员工还

多。这样的付出，是为了“给将来从事的职业打基础”。好几项沪上大型体育活动，他都是策划主力。

创业导师扶上马

积累了一定工作经验和人脉的赵海涛决定创立自己的公司，做自己的“老本行”——拓展培训。看到体育产业的巨大潜力，他特意去考了体育经纪人证书，为将来发展做好准备。通过上网搜索，赵海涛发现上海已经有了12355青年创业服务平台，这让他欣喜不已。“你选择了熟悉的项目，而且有一定市场需要，应该是可行的！”平台指导老师肯定了他的想法，并为他配备了一对一的创业导师。

创业资金有空缺，赵海涛先是向朋友借，导师建议，可以申请中国青年创业国际计划（YBC）贷款；他打算建立公司网站，导师提醒，把公司介绍、业务介绍等内容放在首页的醒目位置。

长期规划先制定

他起早摸黑地忙碌，没有办公用品和必要的家具，就先向朋友借；没钱请搬运工，就自己踏着“黄鱼车”把办公家具搬到公司内。但再怎么节省，训练器材一点也不能马虎，安全帽、保险绳、保险扣全是进口产品，单一个保险扣就要100多元人民币。

经过努力，赵海涛的公司正式开张了。受经济环境影响，各拓展培训公司业务量都减少，他的“新生儿”也只能勉强维持日常营运。“我给自己定了中短期规划”，赵海涛思路清晰，先从拓展训练起步，时机成熟了，再承接和体育相关的各种活动。他相信，自己已为畅游体育产业这片市场“蓝海”做好了准备。

思维拓展

1. 阅读案例后，认你为一个成功的创业者应该具备什么样的品质？

____

____

____

____

2. 创业能不能一蹴而就？谈谈你的看法。

____

____

____

____

5.5 专题实践

实践活动：脑洞大开的创意秀。

创新创业是发展的动力之源，也是富民之道、公平之计、强国之策。实践是人的创新能力形成的唯一途径，也是检验创新能力水平和创新活动成果的标准。为锻炼大家的创新意识，请以小组为单位，围绕“脑洞大开的创意秀”主题，对生活中常用的物品进行改造设计，开动脑筋，秀出自己的创意，并说出创新之处，同时填写表 5-3 所示记录表。

表 5-3 “脑洞大开的创意秀”活动记录表

<table>
<tr><th>小组名称</th><th></th><th>组长</th><th></th></tr>
<tr><td>活动宗旨</td><td colspan="3">开动脑筋，创意无限</td></tr>
<tr><td>活动时间</td><td colspan="3">课下</td></tr>
<tr><td rowspan="3">活动实施</td><td>活动要求</td><td colspan="2">请对生活中的一件物品进行改造，使其具有新的功能，在课堂上展示改造后的成品，并演示其功能。
（1）为改造成品命名
（2）介绍设计理念（改造出发点、改造思路等）
（3）讲述改造过程（原材料、改造工具、改造工序及改造过程中遇到的问题及解决办法等）</td></tr>
<tr><td>成员及分工</td><td colspan="2"></td></tr>
<tr><td>过程记录</td><td colspan="2"></td></tr>
<tr><td rowspan="10">活动评价</td><td>评价主体</td><td colspan="2">全体同学</td></tr>
<tr><td>评价方式</td><td colspan="2">利用智慧课堂“学生评分”功能进行线上评分</td></tr>
<tr><td rowspan="6">评价标准</td><td>评价指标</td><td>分值</td></tr>
<tr><td>创意新颖、独特</td><td>20</td></tr>
<tr><td>可行性和推广性强</td><td>20</td></tr>
<tr><td>语言流畅、逻辑清晰</td><td>20</td></tr>
<tr><td>演示表现力强</td><td>20</td></tr>
<tr><td>团队合作、效果明显</td><td>20</td></tr>
<tr><td>得分</td><td colspan="2"></td></tr>
<tr><td></td><td></td><td></td></tr>
<tr><td>活动反思</td><td colspan="3"></td></tr>
</table>

专题6　依法劳动护权益——知法守法

学习目标

素质目标： 树立正确的劳动价值观，不断提升自身的法律素养，强化诚实合法劳动意识，为构建和谐劳动关系贡献力量。

知识目标： 了解劳动权益的基本内容；认识大学生在学业生涯的不同阶段享有的合法劳动权益；理解诚实劳动的价值。

能力目标： 能够正确处理一些简单的劳动争议，在学习和工作中能够践行诚实劳动，能够依法维护自身合法劳动权益。

思维导图

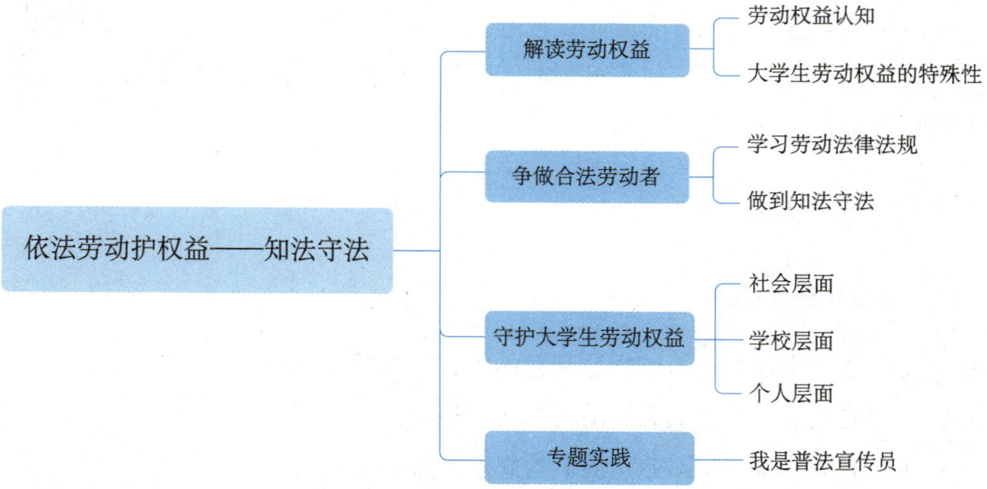

专题导读

劳动有合法劳动与非法劳动之分。合法劳动是崇尚劳动、热爱劳动的基本前提，劳动者的合法劳动受到人们的称赞，能够得到法律的保护。而非法劳动会遭受人们的谴责，一切非法劳动都不能得到法律的保护，并且会遭到法律的严厉惩罚。大学生在劳动过程中，不仅要遵守劳动纪律，还要遵守法律法规。此外，大学生作为高素质人才，理应懂得保障自己的劳动权益，使自己的合法劳动不受侵犯。这就需要我们了解必要的、与求职就业息息相关的法律法规，用法律武器捍卫自己的权利。

自思自检

Q1：你知道我国关于劳动权益保护的法律有哪些吗？

A：________________

Q2：你知道我国法律规定的劳动者最低就业年龄是多少周岁吗？

A：________________

Q3：你认为大学生是劳动者吗？

A：________________

Q4：你知道如何维护大学生的合法劳动权益吗？

A：________________

6.1　解读劳动权益

维护劳动者合法权益是促进社会经济健康发展、实现中华民族伟大复兴的重要保障。国家积极鼓励勤劳守法致富，致力于为全社会提供更高质量和更充分的就业，营造人人通过辛勤劳动实现自身发展的良好社会氛围，展现出国家保护劳动权益和着力改善民生的坚定决心。

劳动权益“那些事”

一、劳动权益认知

（一）劳动权益的概念

劳动权益是劳动者享有的权利与利益的简称，指的是劳动者在一段劳动关系中，凭借从事劳动行为而获得应有的权利与利益。根据《中华人民共和国劳动法》的规定，劳动者权益包括：平等就业和选择职业的权利、取得劳动报酬的权利、休息休假的权利、获得劳动安全卫生保护的权利、接受职业技能培训的权利、享受社会保险和福利的权利、提请劳动争议处理的权利及法律规定的其他劳动权利。

名人语录

劳动是社会中每个人不可避免的义务。

——卢梭

（二）劳动权益的内容

1. 平等就业和选择职业的权利

凡是年满十六周岁的公民，不因民族、种族、性别、宗教信仰等不同而受到歧视，均应当获得参加社会劳动的权利，并能够自主选择相应的职业。

2. 取得劳动报酬的权利

劳动者在合法履行劳动义务之后，有权获得与其劳动力价值对等的报酬，一般以工资的形式表现。用人单位支付劳动者的工资应当以货币形式按月支付给劳动者本人，且不得低于当地最低工资标准，不得克扣或者无故拖欠劳动者的工资。

3. 休息休假的权利

过度劳动或透支式劳动不利于劳动者身心健康，对可持续劳动过程会带来负面影响，因而依照法律规定，我国实行劳动者每日工作时间不超过八小时、平均每周工作时间不超过四十四小时的工作制度。同时，用人单位要保证劳动者每周至少休息一日，法定节假日应当安排劳动者休假。

4. 获得劳动安全卫生保护的权利

用人单位必须建立健全劳动安全卫生制度，严格执行国家劳动安全卫生规程和标准，对劳动者进行劳动安全卫生教育，为劳动者提供符合国家规定的劳动安全卫生条件及必要的劳动保护用品，以保障本人的安全和健康，对于一些特殊的工种还应当配备专门的保护设施和设备。

5. 接受职业技能培训的权利

国家通过各种途径，采取各种措施发展职业培训，开发劳动者的职业技能，用人单位应当严格按照国家规定建立职业培训制度，有计划地对劳动者进行职业培训，尤其是从事技术工种的劳动者，上岗前必须经过培训。

6. 享受社会保险和福利的权利

用人单位和劳动者必须依法参加社会保险并缴纳社会保险费，劳动者在满足对应条件时有获得社会福利的权利，用人单位也应当创造条件，积极改善集体福利，提高劳动者的福利待遇。

7. 提请劳动争议处理的权利

用人单位与劳动者发生劳动争议时，劳动者可以依法申请调解、仲裁、提起诉讼，也可以协商解决，调解原则适用于仲裁和诉讼程序。

8. 法律规定的其他劳动权利

除以上七项劳动者权益，法律规定有其他劳动权益的，用人单位应当严格按照法律规定保护劳动者的其他合法权益。

二、大学生劳动权益的特殊性

在校大学生开展兼职、实习、提前就业等活动的现象十分普遍。大学生在完成学业任务的同时，主动参与劳动实践活动，既能够增加收入，也有助于提升自身综合素质，提高职场竞争力。但是，大学生的兼职、实习或提前就业还不同于真正的就业，在此期间大学生劳动者的身份存在争议，这就增加了大学生兼职、实习、提前就业过程中劳动权益内容界定的复杂性。

（一）身份的特殊性

从就业年龄来看，我国法律规定，凡年满十六周岁者均可就业。通常情况下，大学生年龄均在十六周岁以上，符合一般劳动者就业的年龄要求。大学生在兼职或实习时，若从事了与普通劳动者类似的劳动过程，理应享有相应的劳动权益。但是由于大学生还处于学生阶段，身兼“在校学生”与“劳动者”双重身份，大多数情况下，大学生不能持续性或者全日制地从事劳动，需要边完成学业边参加劳动，这种特殊的工作模式必然会造成很难顺利地签订劳动合同，即使签订了劳动合同，其条款内容往往也只是一些原则性说明，不能切实维护好大学生的劳动权益。

（二）预期的不稳定性

作为一名在校大学生，是否能够顺利毕业，毕业后是否愿意继续留下来工作，正式录用后是否会很快跳槽等，这些不稳定的现实因素，使得用人单位不得不考虑对待大学生劳动者的方式和态度。现实生活中，大多数用人单位不愿意花成本为在校大学生提供充分的技能培训或劳动保障，因此，在兼职或实习中的大学生只能从事一些简单的、可替代性强的工作，客观上造成了用人单位与大学生劳动者之间双向不太满意的局面。

（三）合同缔约能力的不对等性

兼职或实习中的大学生在与用人单位缔约劳动合同时，往往处于弱势地位。在校大学生在寻找兼职工作或实习岗位时，为了急于上岗，通常以用人单位的要求或意见为准，不敢提出自己的主张。甚至有相当一部分大学生法律意识淡薄，对自身劳动权利和义务认知不到位，权责不清晰，当自身合法权益遭到侵害时，竟浑然不知，有些即使知道，也本着“自己是非正式员工”“多一事不如少一事”的错误心态，不会像普通劳动者那样主动寻求法律保护。

理论上讲，大学生可以从事与普通劳动者相同或相似的劳动行为，理应享有相应的劳动权益。但是，大学生劳动者的特殊身份，使其在签订劳动合同、接受职业技能培训、享受社会保险待遇等方面无法与一般劳动者完全等同，从而造成大学生劳动权益保护困难的现实困境。

思维拓展

1. 法定社会保险包括哪几类？

____

____

____

____

2. 谈谈你对大学生特殊劳动者身份的理解。

____

____

____

____

6.2　争做合法劳动者

一、学习劳动法律法规

大学生在校期间的兼职、实习和毕业后的职业生涯都离不开法律的保护。我国自1995年施行《中华人民共和国劳动法》以来，已经出台了一系列与劳动相关的重要法律法规，初步形成了较为完善的劳动法律体系。与劳动相关的法律法规一览表如表6-1所示。

表6-1　与劳动相关的法律法规一览表

法律文本	施行时间	备注
《中华人民共和国劳动法》	1995年	2009年、2018年修订
《中华人民共和国劳动合同法》	2008年	2012年修订
《中华人民共和国劳动争议调解仲裁法》	2008年	
《中华人民共和国就业促进法》	2008年	2015年修订
《中华人民共和国民法典》	2021年	

此外，我国还出台了一系列保障学生劳动权益的行政法规。例如，2016年，教育部与财务部、人力资源和社会保障部等部门联合印发的《职业学校学生实习管理规定》，为规范和加强职业学校学生实习工作，维护学生、学校和实习单位的合法权益，提高技术技能人才培养质量提供法律保障；2019年，教育部印发了《关于加强和规范普通本科高校实习管理工作的意见》，为进一步提高实习质量，切实维护学生、学校和实习单位的合法

权益提供政策支持；2021 年 1 月 1 日起施行的《中华人民共和国民法典》为保护劳动者权益补充了“用人单位有义务预防和制止性骚扰”“劳动者履职造成的损害由单位先担责”等内容，为维护劳动者权益提供更有力的保障。

大学生在校期间，要进行劳动法律法规知识的储备，全面了解与兼职、实习、就业相关的法律条文，掌握基本的劳动法律法规知识，自主维护自身合法劳动权益，为职业生涯保驾护航。

二、做到知法守法

学习和掌握劳动法律法规知识是前提，用好劳动法律法规知识才是目的。我国关于劳动权益保障的法律体系已经趋于成熟，大学生要注重对这些法律法规的学习，主动了解与劳动权益相关的法律法规知识，养成良好的法治思维，善于运用法律手段协调关系和解决问题。

> **名人语录**
>
> 良好的秩序是一切美好事物的基础。
>
> ——伯克

当大学生的合法劳动权益遭受侵害时，既不能消极躲避，更不能采取过激的、非理性的、甚至是违法的方式，而是要主动寻找合法途径解决问题。大学生可先与用人单位进行沟通，如若沟通无果，应当积极寻求学校、老师、政府部门、新闻媒体等其他途径的帮助；如有证据表明，用人单位确实存在侵犯劳动权益的行为，就要勇于拿起法律的武器，通过法律途径维护自身权益。大学生要明确自身在劳动关系中应当履行的法律义务，按时完成用人单位安排的劳动任务，不断提升职业技能，注意劳动安全卫生规程，遵守劳动纪律和职业道德，不能“知法犯法”，随意违背劳动合同或违反劳动纪律。

大学生要具备防范风险意识。大学生在兼职、实习、求职就业中面临着许多潜在的风险。例如，有人打着“网络兼职”的旗号招募在校大学生，进行网络刷单或者直播带货等，实则是从事违法犯罪活动；大学生实习时发生纠纷，因无书面协议而陷入举证无门的被动局面；黑中介以收取培训费、代理费、押金等名义进行诈骗等。面对这些风险和诱惑时，大学生要时刻提高警惕，仔细甄别，千万不能疏忽大意，否则就会掉进犯罪分子的陷阱。

读案例

案例 1　刷单骗局

2019 年 2 月，上海青浦一在校大学生黄某为赚取生活费，通过网络兼职，选择了

10万元返现8000元一档的兼职刷单，但需垫付本金。于是，黄某将自己的某网络购物平台账户给了对方，对方下单，黄某再登录自己的账号进行支付。第一笔刷单5万元，对方返现4000元至其支付宝账号。收到4000元兼职费用后，被害人黄某深信不疑，并继续通过该方式进行所谓的刷单兼职。随后，被害人黄某根据对方要求，又先后刷单87000元。在其完成了43笔所谓的刷单，并支付了87000元后，其室友提醒她小心电信诈骗。随后，黄某要求对方返还自己已支付的87000元，但对方以尚未完成最后一单10万元的刷单任务，故不予返还。在同学的劝说下，被害人黄某最终选择了报警。图6-1为刷单骗局聊天记录截图。

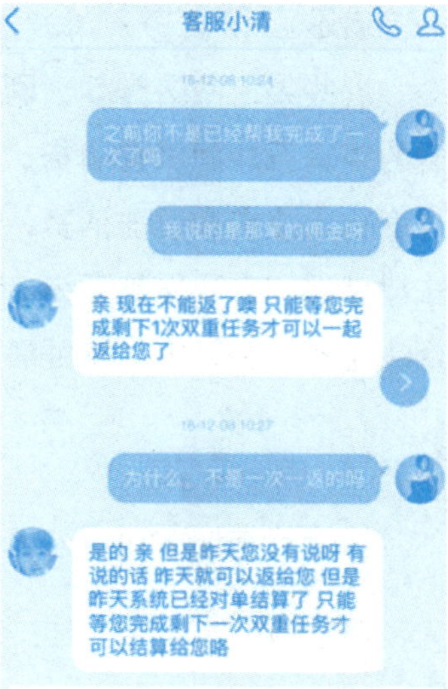

图6–1　刷单骗局聊天记录截图

案例解析：

黄某作为在校大学生，利用课余时间从事兼职，本应予以肯定和鼓励，但兼职刷信誉是一种非法行为，不仅破坏了诚信体系和市场的公平竞争，还可能构成犯罪，因此，不属于劳动行为，不应受劳动法的保护。

劳动者作为劳动法律关系的主体之一，必须在劳动法调整的范围内从事劳动行为，这既是对劳动行为合法性的认定，也是对劳动者合法权益的保护。大学生是我国就业大军的主力，加强对大学生合法劳动意识的培养，是形成依法劳动、尊重劳动、崇尚劳动的社会良好风尚的前提，也是促进社会和谐进步的重要保障。

案例2　“校园贷”陷阱

轻信他人谎言，以为网络刷单就可以赚取提成、补贴生活，没想到却掉进了“校园贷”圈套，12名大学生先后被骗走16万余元。日前，经陕西省西安市未央区人民法院努力追赃、未央区人民检察院积极申请司法救助，12名受骗大学生近90%的损失得到弥补。

设下“校园贷”骗局的被告人金某大学毕业不久，通过互联网冒充网络借贷平台工作人员，谎称可以介绍兼职，只要在借贷平台上通过贷款来帮助平台“刷单”，就可以拿到返还的10%提成。同时金某承诺，本人会通过后台配合进行贷款订单的取消操作，大学生们无须还款。12名大学生轻信了金某的说法，按照其要求，进行了贷款申请，或将个人全部身份信息提供给了金某。利用这些信息，金某在“玖富”“分期乐”“优分期”“花无缺”等多个网络贷款平台肆意贷款。之后，12名大学生陆续收到还款信息，又找不到金某，才意识到上当受骗。这些被骗学生多是来自甘肃、青海、新疆等地的贫困学生，被骗后给家庭带来巨大的经济压力。

最终，金某因犯诈骗罪被判处有期徒刑4年6个月。

启示：

近些年，网络贷款、刷单类事件频繁在校园内发生，成为大学生正常学习、生活和发展的绊脚石。面对校园贷、网络刷单等骗局，大学生要树立正确的劳动价值观，自觉抵制过度物质追求和超前消费，避免产生盲目攀比心理。同时，还要主动远离电信诈骗，增强法律意识和自我保护意识。如果不小心陷入了电信诈骗，要根据不同情况积极处理，通过合法途径妥善解决，不可消极应对。

思维拓展

1. 请列举你所知道的大学生求职被骗的情形。

____

____

____

____

2. 请结合自身实际，谈谈如何培养合法劳动意识。

____

____

____

____

6.3 守护大学生劳动权益

大学生兼具“学生”与“劳动者”的双重身份，其劳动权益的保护问题涉及社会、学校、个人等方面，主要体现在兼职、实习、就业三个阶段，不同阶段大学生劳动权益保护的内容也会有所差别。有效保护大学生劳动者的合法权益，单纯依靠某一方是不可能做到的，需要社会、学校、大学生本人等多方共同努力。

一、社会层面

社会层面主要是发挥社会舆论和社会组织的维权作用。发挥舆论监督是新闻工作的一项重要职责，是以正确的舆论引导人们思想动向的一种特殊表现形式。保护劳动者合法权益是新闻媒体和新闻工作者的使命，新闻媒体和新闻工作者一方面要大力拓宽劳动保障普法宣传渠道，尤其要注重对大学生劳动权益保护的宣传，提高用人单位执行劳动保障法律法规的自觉性，增强大学生依法维护自身合法权益的意识；另一方面，新闻媒体和新闻工作者要善于抓住社会普遍关注的问题，加大宣传教育力度，针砭时弊，产生良好的社会监督效果。

二、学校层面

高校与新时代同频共振的深度，决定了未来社会发展的高度。劳动法律法规教育作为高校法治教育的一个重要内容，不但关系到人才培养质量及大学生切身利益的维护，更关系到党和国家未来事业的发展。目前，我国高校对劳动法律法规教育的重视程度不够，除部分政法类学校或法律专业的学生，大部分大学生对劳动法律法规知之甚少，对怎样依法订立和解除劳动合同、社会保险、赔偿金、工伤等基本知识，几乎茫然无知，甚至不了解试用期的一般规定，直接导致了在兼职、实习、就业过程中无法有效维护自身的合法权益。因此，高校开展劳动法律法规教育迫在眉睫。各高校要主动将劳动法律法规纳入劳动教育课程体系中，指导学生开展形式多样的实践劳动，引导学生树立合法劳动、诚实劳动的意识，不断实现劳动观与法治观的深度融合，切实维护好自身的合法劳动权益。

三、个人层面

除了社会和学校，大学生的劳动权益主要还是依靠学生本人在兼职、实习、就业等不同阶段有针对性地进行维护。

合法劳动价最高

（一）兼职阶段

兼职是指大学生利用课余时间为用工单位或个人提供劳动的行为。现实生活中，大学生的兼职活动形式多样，时间自由，所有无课时间、节假日或寒暑假，均可按照自己的需求寻找兼职工作。但是，兼职过程中大学生的合法权益遭受侵害的事情也时有发生。如，故意被延长工作时间、被克扣或拖欠工资、被安排高强度工作等，大学生兼职过程中的合法劳动权益保护情况不容乐观。

根据大学生兼职的不同，可将大学生兼职种类分为非全日制用工和劳务关系用工两种情形。非全日制用工与企业的正式员工相对应，是指大学生利用寒暑假到企业兼职，并与企业签订劳动合同。劳务关系用工相比于非全日制用工形式更加灵活，具有短时性的特点。例如，发放传单、商品促销、从事家教等兼职活动。在兼职用工关系中，大学生享有自愿订立劳动合同、约定工时限制、获得工资保障及享受特殊工伤赔偿的权利。

第一，大学生与用人单位双方在平等协商的基础上可以自愿订立劳动合同。合同订立后，大学生应依照合同要求享有权益、接受管理。同时，根据《关于贯彻执行〈中华人民共和国劳动法〉若干问题的意见》的规定，在校生利用业余时间勤工助学可以不签订劳动合同。因此，兼职过程中，是否签订劳动合同，由兼职大学生和用工单位协商确定。

第二，大学生在兼职时有权与用人方约定工时限制。根据劳动内容的不同，兼职工作的时间具有不确定性，双方可以约定工作时间，用人方不得随意延长或缩短。

第三，大学生兼职有获得工资保障的权利。我国劳动合同法规定，非全日制用工小时计酬标准不得低于用人单位所在地政府规定的最低小时工资标准。因此，兼职大学生应注意维护好自己足额获得劳动报酬的权利。

第四，大学生兼职期间有权享有与工伤保险对等的损害赔偿。大学生在兼职工作中存在受伤的风险，但由于身份特殊，所受伤害不能直接认定为工伤。但是，用人方应对比工伤事故处理标准，给予兼职大学生相应的赔偿。

（二）实习阶段

就业实习，是指即将毕业但尚未拿到毕业证的大学学生，以就业为目的提前进入工作岗位进行工作。与兼职的情况不同，大学生就业实习的特点在于利用学籍时间，着眼于提升自身的实践能力与就业能力，而不是单纯地利用课余时间赚取劳动报酬。一般情况下，大学生就业实习是学校统一安排的教学活动，而兼职则完全属于个人行为。大学生在就业实习过程中除享有前文提及的签订劳动合同、获得劳动报酬等权益，还应享有职业伤害保障权。这里的职业伤害保障权属于社会保险的范畴，与兼职活动中的“类比工伤损害赔偿”是不同的。

读案例 《实习协议书》的重要作用

大三实习生王某毕业前夕与某用人单位签订了《实习协议书》，协议书对实习时间和实习期月薪做了明确规定。实习于6月15日完成，同时双方口头达成协议：“实习期满后签订正式劳动合同，期间用人单位依法为王某购买工伤保险。”6月16日王某取得高校毕业证，6月20日王某因公外出受伤，住院一个月，经司法鉴定王某为八级伤残。就在王某住院治疗期间，用人方单方面解除了劳动关系，发放的实习工资也未达到当地政府规定的最低工资标准。无奈，王某向当地法院提起诉讼。法院最终判定用人方侵害了实习生王某的合法权益，判决用人方：①足额支付王某实习期间的应得报酬；②向王某支付解除劳动合同经济赔偿金三千元；③根据工伤鉴定结果予以赔偿；④案件受理费由用人方承担。最终双方自愿达成和解，用人方赔偿王某近八万元。

启示：大学生实习期间虽然与正式员工不同，用人单位可以不为实习生缴纳养老保险和失业保险，但仍应缴纳工伤保险，以切实保障实习生免受职业伤害。

（三）就业阶段

近年来，随着就业形势严峻，大学生毕业后求职心切，尤其是一些毕业生找到工作后着急与用人单位签订劳动合同，忽略、甚至不敢维护自身合法权益，导致招聘条款中侵权性质的内容普遍存在，如年龄歧视、性别歧视、户籍歧视等。大学生就业中的劳动权益保障问题已逐渐成为一个社会性问题。

在我国，《中华人民共和国劳动合同法》是保障大学生就业权益的基本法律条文，大学生就业中的劳动权益主要包括劳动合同的签订、依法明确试用期限及订立清晰的合同条款等。

第一，签订劳动合同。《中华人民共和国劳动合同法》明确规定“用人单位自用工之日起即与劳动者建立劳动关系”，并且“应当订立书面劳动合同”。因此，大学生在就业时一定要与用人单位签订纸质劳动合同，任何口头协议都是无效的。

第二，依法明确试用期限。《中华人民共和国劳动合同法》规定“劳动合同期限三个月以上不满一年的，试用期不得超过一个月；劳动合同期限一年以上不满三年的，试用期不得超过二个月；三年以上固定期限和无固定期限的劳动合同，试用期不得超六个月。”关于试用期的规定属于法律的强制性规定，当事人约定的试用期条款内容不得与法律规定的相抵触。但是，大多数大学生对试用期相关法律条款了解不够，一些用人单位随意延长试用期限，或者试用期满后随意解除已签订的劳动合同，致使大学生的劳动权益严重受损。

第三，订立清晰的合同条款。一般在签订劳动合同时，由用人单位提前拟好合同文本，双方达成一致后签订。但有些用人单位拟定合同条款时倾向于过多规定“劳动者的义务”和“用人单位的权利”，由于大学生初出校门，法律意识淡薄，他们对劳动合同中的不平等条款不够敏锐，甚至有些大学生即使意识到条款中的问题，为了“保住工作”也会选择被动签约，这为大学生就业后劳动权益的保障埋下隐患，一旦发生权益纠纷，很多大学生处于被动状态。

读案例　签订合同需三思

2014 年，长春市某大学 10 名学生集体到广西的一家民营企业做食品检验工作。当时该企业给学生的口头承诺是：月薪 4000 元，外加年终分红；工作满一年分房，工作满三年配车。到了广西之后，急于求成的学生们草率地与该企业签订了劳动合同。一个月之后，所有人都大呼上当，由于劳动合同中的内容过于严苛，如不得请假、不得浪费粮食等，学生们总在不经意间违反合同上的“霸王条款”。结果，工作一个月下来，实际发到手里只有可怜的三四百元钱。学生集体反抗，说要辞职，该企业要求每个学生交8000元的违约金。学生说，在学校谈的时候可不是这么说的，该企业则拿出签订的劳动合同，众学生木然。

启示：在求职与用人单位洽谈时，要大胆地和用人单位商谈工资、保险等有关工作待遇的内容，洽谈成功后，及时与用人单位签订具有法律效力的书面合同，明确双方权、责、利，同时一些远期承诺也应写进合同中。签订劳动合同时，要注意条款的设置，切勿掉入陷阱。

大学生在全面了解和掌握劳动法律法规中关于兼职、实习、就业的基本知识后，不能抱着“多一事不如少一事”的消极心态放弃对自身权益的维护，也不能采用其他极端的方式方法向用人单位讨要“说法”，应当主动寻求法律保护，理智对待和处理各类侵权问题，这样才能有效维护自身的合法权益。

思维拓展

1. 大学生兼职中可能会存在哪些侵权行为？

____

____

____

____

2. 如何维护大学生实习中的合法劳动权益？

____

____

____

____

6.4 专题实践

实践活动：我是普法宣传员。

由于大学生在校期间缺少对劳动法律法规知识的系统学习，且欠缺社会经验，在求职的过程中，可能会遇到各种各样的就业陷阱及侵权行为。现组织学生开展普法宣传实践活动，收集整理大学生求职就业过程中权益保护的相关法律法规知识，并向周围同学普及宣传，活动具体情况填入表6-2中。

表 6-2　“我是普法宣传员”活动记录表

<table>
<tr><th>小组名称</th><th></th><th>组长</th><th></th></tr>
<tr><td>活动宗旨</td><td colspan="3">了解并熟知就业的相关政策法规，增强在就业中的自我保护和维权意识</td></tr>
<tr><td>活动时间</td><td colspan="3">课下</td></tr>
<tr><td rowspan="4">活动实施</td><td>成员及分工</td><td colspan="2"></td></tr>
<tr><td>查找资料过程记录</td><td colspan="2"></td></tr>
<tr><td>展示过程记录</td><td colspan="2"></td></tr>
<tr><td>总结感悟</td><td colspan="2"></td></tr>
<tr><td rowspan="8">活动评价</td><td>评价主体</td><td colspan="2">全体同学</td></tr>
<tr><td>评价方式</td><td colspan="2">利用智慧课堂“学生评分”功能进行线上评分</td></tr>
<tr><td rowspan="5">评价标准</td><td>评价指标</td><td>分值</td></tr>
<tr><td>选定的主题是否科学</td><td>30</td></tr>
<tr><td>搜集的内容是否准确</td><td>30</td></tr>
<tr><td>展示的内容是否清晰、全面</td><td>30</td></tr>
<tr><td>活动后的感想是否有针对性</td><td>10</td></tr>
<tr><td>得分</td><td colspan="2"></td></tr>
</table>

专题 7 同心共筑中国梦——与祖国同呼吸

学习目标

素质目标：了解中国梦提出的时代背景；知道中国梦的时代特征；初步认识中国梦的三部曲；培养学生的认知能力和辩证思维能力，激发筑梦的斗志。

知识目标：了解中国梦的由来；掌握中国梦的内涵、价值与意义；理解中国梦如何实现。

能力目标：在学习和工作中通过劳动实现自己的梦想；坚定理想信念，树立实干精神，通过劳动创造更加美好的生活，共筑中国梦。

思维导图

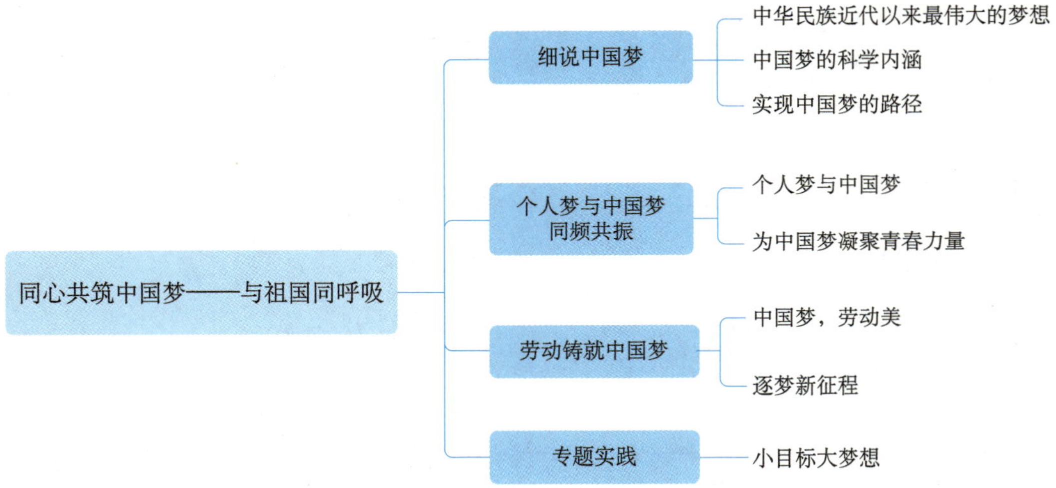

专题导读

伟大民族憧憬伟大梦想，伟大梦想成就伟大民族。中国梦是中华民族一百多年来魂牵梦绕、孜孜不倦的追求。中国梦是中华民族的梦，也是每个中国人的梦。今天，广大青年正处在中华民族发展的最好时期，既面临着难得的建功立业的人生际遇，也面临着“天降大任于斯人”的时代使命。新时代青年应该有自己的选择和坚守，将个人理想融入国家建设发展伟业，努力成为堪当民族复兴大任的时代新人，让青春在为祖国、为人民、为民族、为人类的奉献中焕发出更加绚丽的光彩。

自思自检

Q1：你知道中国梦的内涵吗？请写出来。

A：____

Q2：你心中的“中国梦”有哪些？

A：____

Q3：你认为个人梦和中国梦之间有什么关系？

A：____

7.1　细说中国梦

一、中华民族近代以来最伟大的梦想

同心共筑中国梦

中国梦是中华民族伟大复兴的形象表达。2012 年 11 月 29 日，习近平总书记在参观《复兴之路》展览时首次提出中国梦，并引用三句诗诠释了近代以来中国人民寻梦、追梦、圆梦的历史进程。

中华民族的昨天，“雄关漫道真如铁”。近代以来，中华民族遭受的苦难之重、付出的牺牲之大，在世界历史上都是罕见的。但是，中国人民不屈服，不断奋起抗争。为了民族复兴，几代人魂牵梦萦，亿万人心结难解。历经上下求索、千辛万苦，中华民族终于在中国共产党的正确领导下，掌握了自己的命运，建立了新中国，确立了社会主义制度，开始了建设自己国家的伟大进程。

中华民族的今天，“人间正道是沧桑”。改革开放以来，总结历史经验并不断艰辛探索，终于找到了实现中华民族伟大复兴的正确道路，取得了举世瞩目的伟大成就。在中国特色社会主义道路上，我国经济实力、综合国力大大增强，人民生活显著改善，实现了从温饱不足到总体小康再向全面小康迈进的跨越，国际地位和国际影响力空前提升。

中华民族的明天，“长风破浪会有时”。中华民族一百多年的持续奋斗，迎来伟大复兴的光明前景，深藏于中国人民心中的民族复兴梦想就要成真。今天，我们比历史上任何时期都更接近中华民族伟大复兴的目标，比历史上任何时期都更有信心、有能力实现这个目标。

中华民族伟大复兴的中国梦一经提出，就产生了强大的号召力和感染力。中国梦，反映了近代以来一代又一代中国人的美好夙愿，反映了既创造过辉煌、又历经过苦难的中华民族对复兴的深刻理解和殷切渴望，进一步揭示了中华民族的历史命运和当代中国的发展走向，指明了全党全国各族人民共同的奋斗目标，成为激励中华儿女团结奋进、开辟未来

的一面精神旗帜。

二、中国梦的科学内涵

中国梦内涵丰富、视野广阔、意蕴深远。中国梦的内涵如图 7-1 所示。中国梦是民族的梦，也是每个中国人的梦。实现中国梦，必须坚持中国道路、弘扬中国精神、凝聚中国力量；实现中国梦，必须牢记空谈误国、实干兴邦；中国梦是和平、发展、合作、共赢的梦，不仅造福中国人民，而且造福世界各国人民，与世界各国人民的美好梦想是相通的。

国家富强	民族振兴	人民幸福
我国综合国力进一步增强，中国特色社会主义事业进一步发展和完善。经济更加发达，科技创新在经济发展中的驱动力更加强劲，政治更加民主，文化更加繁荣，社会更加和谐，生态更加美好。	通过自身的不断发展与强大，继承并创造中华民族的优秀文化及先进的文明成果，进而使中华民族再次处于世界领先地位，再次以高昂的姿态屹立于世界民族之林。	人民权利保障更加充分，人人得享共同发展，生活在伟大祖国和伟大时代的中国人民，共同享有人生出彩的机会，共同享有梦想成真的机会，共同享有同祖国和时代一起成长与进步的机会。

图 7–1　中国梦的内涵

中国梦坚持国家富强、民族振兴和人民幸福的内在统一。国家富强是中国梦的实现基础，民族振兴是中国梦的核心内容，人民幸福是中国梦的奋斗目标。中国近代以来的历史已经证明，民族不独立、国家不富强，人民的生存根本得不到保证，更谈不上人民幸福。人民幸福是国家富强、民族振兴的题中之义和必然要求。民为邦本、本固邦宁，国家的富强、民族的振兴都以人民的权利得到保障、利益得到实现、幸福得到满足为条件，人民幸福是国家富强、民族振兴的根本出发点和落脚点。中国梦的最大特点，就是把国家、民族和个人作为一个命运共同体，把国家利益、民族利益和每个人的具体利益紧紧联系在一起，把国家的追求、民族的向往、人民的期盼融为一体，体现了中华民族和中国人民的整体利益，表达了每一个中华儿女的共同愿景。

中国梦归根到底是人民的梦。人民是中国梦的主体，是中国梦的创造者和享有者。中国人民是伟大的人民，素来有着深沉厚重的精神追求，即使近代以来饱尝屈辱和磨难，也没有自弃沉沦，而是始终怀揣梦想，向往光明的未来。实现中华民族伟大复兴，不是哪一个人、哪一部分人的梦想，而是全体中国人民共同的追求；中国梦的实现，不是成就哪一个人、哪一部分人，而是造福全体人民。因此，中国梦最深沉的根基在中国人民心中，必须紧紧依靠人民来实现。中国梦必须不断为人民造福，其根本归宿在于人民。

中国梦与世界各国人民的美好梦想相通。中国梦不仅在国内引发强烈共鸣，而且在国际社会也产生强烈反响。中国梦对世界具有吸引力，中国的梦想，不仅关乎中国的命运，也关系世界的命运。中国梦是和平、发展、合作、共赢的梦，与世界各国人民的美好梦想息息相通，中国人民愿意同世界各国人民在实现各自梦想的过程中相互支持、相互帮助。

相关链接

《百年潮·中国梦》观后感

中国梦是人民的梦

三、实现中国梦的路径

追梦，离不开正确方向；圆梦，更需清晰路径指引。实现中国梦的必由之路就是中国特色社会主义道路。没有正确的道路，再美好的愿景、再伟大的梦想，都不能实现。历史和现实充分证明，无论是封闭僵化的老路，还是改旗易帜的邪路，都是绝路、死路。只有中国特色社会主义道路才是一条通往复兴梦想的康庄大道、人间正道，才能发展中国、稳定中国。必须继续拓展和走好适合中国国情的发展道路，增强对中国特色社会主义的道路自信、理论自信、制度自信、文化自信。

实现中国梦必须弘扬中国精神，这就是以爱国主义为核心的民族精神和以改革创新为核心的时代精神。伟大的梦想，需要伟大的精神作支撑。没有振奋的精神、高尚的品格、坚定的志向，一个民族不可能自立于世界民族之林。实现中国梦，要求中华民族不仅在物质上强大起来，而且在精神上强大起来。中国精神是凝心聚力的兴国之魂、强国之魂。爱国主义维系着华夏大地上各个民族的团结统一，激励着一代代中华儿女为祖国发展繁荣不懈奋斗；改革创新体现了中华民族最深沉的民族禀赋，反映当代中国发展进步的要求，始终是鞭策中华儿女与时俱进的精神力量。必须弘扬中国精神，不断振奋全民族的精气神，不断增强团结一心的精神纽带、自强不息的精神动力。

实现中国梦必须凝聚中国力量，这就是全国各族人民大团结的力量。人民是历史的创造者，人民是真正的英雄。波澜壮阔的中华民族发展史是中国人民书写的，博大精深的中华民族文明是中国人民创造的，历久弥新的中华民族精神是中国人民培育的。我国 56 个民族都是中华民族大家庭中的平等一员，共同构成了你中有我、我中有你、谁也离不开谁的中华民族命运共同体。实现中华民族伟大复兴的中国梦是各民族共同的梦，也是各民族自己的梦。各族人民大团结的力量，是克服各种困难、战胜风险挑战的决定性因素。中华民族一家亲，同心共筑中国梦，必须凝聚中国力量，实现 14 亿多人民的紧密团结，心往一处想，劲往一处使，用智慧和力量汇聚起不可战胜的磅礴力量。

读案例 中国梦践行者——打破 0.01 毫米极限为汽车着色的杨金龙

1994 年出生的杨金龙成长于云南保山农村家庭，家里靠父母务农维持生计。中考失利后，他抱着想学一门技术、早点帮家里减轻负担的想法，进入保山市隆阳区职业技术学校学习汽车维修。一年后，通过选拔，来到杭州技师学院学习汽车喷漆与整形专业。

“虽然汽车喷漆没有过多的科技含量，但要尽量减少色差，让汽车表面更加光滑，只有凭着不断地练习，才能达到更高的标准。”上学期间，杨金龙对喷漆技术到了痴迷的程度，他理解，一个好的汽车喷漆技师，更是“汽车美容师”。

喷漆工艺过程只有几步，但每一个细节都至关重要：打磨不过关，影响喷漆的厚薄；调色不过关，修补点存在色差，影响感观。“通过打磨调色后，新的车修完要和新的一样，旧的车修完也要修旧如旧。”

好在他肯吃苦、肯钻研，每天寝室、食堂、车间三点一线，常常为了攻克一个难题而在实训车间待到凌晨。在校期间，他就获得了浙江省职业院校汽车运用与维修汽车涂装大赛一等奖，全国职业院校汽车运用与维修汽车涂装大赛二等奖等成绩。

2012 年，杨金龙毕业后，先后到汽车 4S 店和汽车油漆供应商工作，学习调色。2014 年 4 月，他回到杭州，通过层层筛选，加入了杭州技师学院教师团队。

那年，他 22 岁，是学院最年轻的教师。那年，他接受了第 43 届世界技能大赛国内选拔赛的邀请，向冠军发起挑战。

世界技能大赛是当今世界地位最高、规模最大、影响力最广的职业技能竞赛，被誉为“技能界的奥林匹克”，每两年一届，参赛选手终身只有一次参赛机会，其竞技水平代表着职业技能发展的世界先进水平。

杨金龙所参加的汽车喷漆项目也有着非常高的技艺要求。喷涂厚度标准为 0.13 毫米，允许误差只有 0.01 毫米，0.01 毫米相当于一根头发直径的 1/6 左右。

他训练的过程异常辛苦。高温天时，室内温度高达 40 摄氏度，酷暑时接近 50 摄氏度。训练中不能把皮肤裸露在外面，浑身必须裹得严严实实，因此每天汗流浃背，而工作服湿了会影响训练效果就不能再穿。这样一天训练下来，要换七八套，可杨金龙从不叫苦。

他把这次世界比赛看作是人生中的一场高考，“也算是弥补遗憾。”杨金龙回忆，自己刚刚读职高时，不被村里人看好，“他们都说这孩子没念高中，废了，意思是以后可能成不了才。”为了改变偏见，证明自己能行，他努力追求作为一名匠人的极限。

备战过程中，杨金龙常常因为手持喷枪时间过长而胳膊疼痛，“有时候痛到睡不着觉，几天抬不起来，只能用冰袋冷敷来缓解。”为了增强肌肉力量，他每天举哑铃锻炼。

2015 年 8 月 17 日，巴西圣保罗，中国青年杨金龙站在了世界技能大赛的舞台，凭借高超的技术，他一举夺得了汽车喷漆项目金牌，为中国实现了在世界技能大赛上金牌零的突破。

这匹“黑马”不用扬鞭自奋蹄，从云南山村一路奔向世界舞台，杨金龙收获更多的关注和成绩。不过，无论是鲜花掌声，还是名企的高薪邀请，都没有撼动杨金龙坚守最初的梦想：当一名教师，反哺母校。秉承一颗匠心，继续精修技能。

2018 年，杨金龙当选全国人大代表。他特别为技能人才成长发声，重点围绕技能人才培养和一线技工工作环境进行了深入调研，把“工匠精神”践行到了代表履职上。职业院校、车间、修理厂、汽车 4S 店，都是他倾听心声的好地方。

“汽车喷漆这个专业需要长时间沉淀积累，才能达到高精尖的水准，这是一个辛苦而漫长的过程。”三年来，杨金龙提交了《关于进一步加强高技能人才培育工作的建议》《关于进一步优化技能人才成长环境的建议》《关于加快落实学历证书和职业技能等级证书互通衔接相关工作的建议》《关于设立全国工匠日，营造崇尚技能新风尚的建议》等 10 余份议案。其中，设立“全国工匠日”的建议已得到了国家相关部门的重视并纳入解决计划。

2021 年，杨金龙荣获“全国五一劳动奖章”。未来，他依然决定立足汽车喷漆岗位，钻研技术、教书育人，为我国汽车喷漆行业培育更多的高技能人才，为行业的发展贡献更多力量。

思维拓展

看完杨金龙的故事，你认为身为大学生未来该如何践行“中国梦”？

____

____

____

____

7.2　个人梦与中国梦同频共振

有梦想才会有希望，有希望才会有激情，有激情才会有事业，有事业才会有未来。中国梦里，有强国也有富民；中国梦里，有期盼也有实干。中华民族是一个命运共同体，只有民族、国家全面科学发展，个人才能实现梦想。只有每个人都充满激情和梦想，中国梦才够美丽和坚实。

一、个人梦与中国梦

中国梦是国家的梦、民族的梦，也是每一个中国人的梦。中国梦既是长远之梦，也是近期之梦；既是宏大抱负之梦，也是温馨康乐之梦。历史告诉我们，中国梦与个人梦唇齿相依。每个人的前途命运都与国家和民族的前途命运紧密相连，每个人的梦想也都与国家的梦想休戚相关，紧密相连，个人梦是中国梦的基石。中国梦是个人梦的坚实基础和有力后盾，为个人梦的实现提供了强有力的舞台。一个人能实现梦想，可能是能力出众；但许多人的梦想能成为现实，必然需要社会的支撑。国家好、民族好，大家才会好。两者辩证统一，才能够使得中国梦和个人梦都得以精彩绽放，让每个人在推动时代车轮前行的同时实现自我价值。

从根本上说，每个人的梦想都深深植根于中国梦。所有人的梦想汇集起来，就是国家的梦想，就是中国梦。个人的奋斗离不开国家，离不开中国梦的实现。同时，中国梦的实现，特别是中华民族伟大复兴的实现，又需要每一个人最大限度地把自己的聪明才智和创造力发挥出来。中国梦既是集体的梦，也是个人的梦。中国梦关系民族发展和未来，中国梦也与百姓的个人梦相互依存、须臾不可分离。

中国这么大一个国家，如同在大海中航行的一艘超级巨轮。在这艘巨轮上，每个中国人都是“梦之队”的一员，都是中国梦的参与者、书写者，应当同舟共济、齐心协力、奋勇前行。当今时代是放飞梦想的时代，只有将全国人民的智慧和力量汇集成不可战胜的磅礴力量，才能把历经苦难而又生生不息的中华民族送达梦想的彼岸，让每个人在“国家好，民族好，大家才会好”的逻辑中梦想成真。中国梦的广阔舞台，为个人梦想提供了蓬勃生长的空间；每个人朝着梦想不断努力，共同为实现伟大中国梦而贡献力量。

二、为中国梦凝聚青春力量

中国梦是全体中国人的梦，也是我们每一名青年学子的梦，要实现中华民族的伟大复兴，需要广大青年不懈奋斗。作为新时代的青年，不但心中要有梦，更要坚定这个梦，怀着坚定不移的信念，紧跟党的步伐，不断提高自身素质，勇于创新，艰苦奋斗，锤炼出高尚的品格，成为祖国栋梁。青年学生需要坚定理想信念，勤奋学习练好本领，提升道德品格和人文素养，在实现中国梦的伟大实践中贡献青春和力量。青年应时刻铭记“少年强则国强”的警言，培养社会责任感、创新精神、实践能力，为实现中国梦而努力。

作为青年人，无论在什么工作岗位上，都要明确个人目标，满怀激情，敢于担当，敢于创造，用第二个百年奋斗目标激励自己顽强奋斗、艰苦奋斗、不懈奋斗，奋勇投身中国特色社会主义伟大事业实践中，才能为实现“中国梦”发挥生力军作用，成就自身价值，用“青年梦”托起“中国梦”。

新时代大学生是祖国的未来与民族的希望，是社会上富有朝气、富有创造性、富有生命力的群体。努力学习，掌握本领，为实现中国梦而贡献青春，实现“两个一百年”奋斗目标的宏伟蓝图，进而实现时代赋予青年的历史使命。

天行健，君子以自强不息。自强才能实现我们的梦想，才能最终实现民族复兴。每个人都有自己的梦，中华民族是一个充满着朝气的民族，新时代的中国是我们实现梦想的时代，所以年轻人的梦想与国家和民族兴衰荣辱紧密相连，要勇敢追求自己心中的梦想并付诸行动，为实现“中国梦”增添新的活力。

忧患增人慧，艰难玉汝成。当代大学生要积极响应党的号召，把个人的前途命运与国家和民族的前途命运紧密联系起来，努力学习，掌握本领，艰苦奋斗，自觉磨炼自己，积极投身中国特色社会主义伟大事业中，让我们的青春在为实现“中国梦”的过程中焕发出更加绚丽的光彩！我们可以自信地说，在不久的将来，更多的人会实现他们的“中国梦”！在实现中华民族伟大复兴的中国梦的征程上，只要我们坚定信心，一步一个脚印，实实在在做实事、做好事，我们的个人梦也终将会实现！

读案例 专注热爱、精彩绽放 为国争光是我的梦想

在2015年中国申办2022年冬奥会成功的那一刻，一颗奥运梦想的种子就在苏翊鸣心中开始萌发。“希望有一天身披国家队战袍，在家门口为国争光。”那时苏翊鸣在演艺圈已是小有名气的童星，演艺的缘起也是他对滑雪的热爱。多年后的今天，苏翊鸣非常感谢自己当初的决定，“特别感谢自己，那个时候能够有这样的梦想。”

苏翊鸣是一个跟奥运会特别有缘的孩子。2004年他出生在吉林，那一年在现代奥运会的发源地雅典举行了第28届夏季奥运会。2008年北京奥运会那年，苏翊鸣开始学习单板滑雪，2018平昌冬奥会那年，他入选了国家集训队。

热爱的力量

4岁时，苏翊鸣在父亲的带领下第一次拥有了非常美好的滑雪体验，虽然那时候还很难找到适合儿童的雪板，但这并不妨碍苏翊鸣对滑雪的热爱。他的第一块雪板是爸爸送给他的生日礼物，不过是一块成人板，比他的身高还要高20厘米。这个珍贵的生日礼物，伴着苏翊鸣度过了四年快乐的雪上时光，直到他真正拥有了适合的儿童板。

东北的冬天很冷，却抵挡不住苏翊鸣对滑雪的热爱。为了能在天不太黑前出去滑雪，他会很自觉地早早把功课做完。有一次在上山滑雪时，苏翊鸣跟妈妈说，耳朵有点疼，刚开始妈妈问是不是一定要上去，苏翊鸣的回答很坚决，坚持上。不过等他们滑完雪回到家后，才发现苏翊鸣的耳朵已经冻伤了。

苏翊鸣对滑雪的这份爱很快让他在当地滑雪圈里小有名气，而且网络上关于他的滑雪视频引起了徐克执导的《智取威虎山》剧组的注意。徐克回忆说，当时剧组正在找一个八九岁

的在雪地里有本事的孩子，选角的时候很头疼，直到苏翊鸣出现，就知道没问题了。

在《智取威虎山》中，苏翊鸣饰演了“小栓子”这个角色，并给人们留下了深刻印象。电影中“小栓子”那句“怕你们撵不上”的经典对白，成了苏翊鸣滑雪道路上的经典注脚。虽然“小栓子”驰骋雪上时滑的是双板，但那种状态其实就是他的本色演出。苏翊鸣单板和双板都尝试过，只不过他对单板的热爱更加浓烈。苏翊鸣的爸爸苏群介绍，带他去长白山滑雪时，他经常滑的比成人还快，大人只能不断提醒他慢一点。

随后苏翊鸣又出演《林海雪原》《摇滚小子》《生逢灿烂的日子》《狼殿下》等一系列影视作品，一颗童星冉冉升起。

选择的力量

“天生就对雪上运动着迷，或许演艺事业是一条更好走的路，但我一直坚信热爱无止境，所以不顾一切选择去追寻！”苏翊鸣说。

机遇总是眷顾有准备的人。伴随着苏翊鸣对滑雪一如既往的热爱，奥运梦想的种子在他心中不断地萌发生长。备战北京冬奥会的过程中，国家体育总局通过跨界跨项在全国范围内选拔人才，苏翊鸣成功入选单板滑雪大跳台及坡面障碍技巧国家集训队。“决定我们一生的，不是我们的能力，而是我们的选择。”苏翊鸣说。

小时候苏翊鸣去日本滑雪时，曾得到日本籍单板滑雪殿堂级教练佐藤康弘的指导，并让后者印象深刻。多年后当两人再次重逢，佐藤康弘竟然还保留了一张当初两人的合影。苏翊鸣说，从当初种下在奥运赛场上为国争光的想法，到真正有机会并决定成为一名职业滑手，他很幸运遇到了教练佐藤康弘。彼此之间无须特别的磨合，很快就建立起深厚的信任。佐藤康弘不仅是苏翊鸣的教练，现在世界上单板滑雪坡面障碍技巧和大跳台项目多位优秀运动员都是他的学生。

受疫情影响，苏翊鸣有一段比较长的时间难以得到佐藤康弘的现场指导，他需要将自己的训练拍成视频，请教练在线分析。“那是一段非常难忘的经历，看到其他人在进步，自己在技术上遇到瓶颈，在我最困难的时候他一直帮助我、支持我。”苏翊鸣说，“虽然他每天已经很忙了，但都会抽出时间回复我的视频。我每天训练时间很长，会有很多视频，但是对于每一条他都会认真分析，逐一回答。”

专注的力量

经历过演艺圈的轰轰烈烈，这位热爱滑雪的少年竟然还可以专注地用自己的热爱去温暖雪场上的低温与寂寞。

自从2018年进入国家集训队后，苏翊鸣不管遇到什么样的低谷和困难，每年都能够呈现出标志性的进阶或者飞跃。2019年1月，他第一次亮相国际雪联FIS积分赛，并在韩国平昌站夺得大跳台冠军。2019年12月，从北京首钢滑雪大跳台开始，苏翊鸣第一次站上世界杯赛场，并获得国际雪联世界杯北京站大跳台第11名。2020年3月，他成功解锁三周空翻转体1620度的动作，2021年10月他又成为首位完成单板滑雪内转1980度抓板动作的运动员。2021 年 12 月，在单板滑雪大跳台世界杯美国斯廷博特站的比赛中，苏翊鸣夺得第一个世界杯冠军。在这段突破与低谷并存的时光里，苏翊鸣专注于单板滑雪，为梦想付出了全部。

“其实为了自己的梦想，付出自己的全部，说着容易，但想要做到真的挺难的。我滑雪时也受过很严重的伤，尤其是最近 4 年去挑战一些新的动作，身体受伤还好，心理恐惧真的很难克服。”苏翊鸣感慨道，“克服这种紧张、恐惧，去尝试自己喜欢或者热爱的事情，是一件不容易做到的事情。但是我一直向着目标去努力前进，在训练的时候也经历过很多低谷期，或者经历过很多特别大的困难，这都需要去克服。有时候需要在很短的时间内去克服这些，有时候会用很长一段时间去攻克一个动作。在今天看来，所有的努力都没有白费。”

2022 年 2 月 15 日，苏翊鸣再一次来到首钢滑雪大跳台。在北京冬奥会单板滑雪男子大跳台决赛中，他先后两次成功完成不同方向的 1800 度难度动作。在得知自己夺冠的那一刻，苏翊鸣激动地喜极而泣。

图 7-2　苏翊鸣获得北京冬奥会单板滑雪男子大跳台比赛冠军

2021 年在畅想自己的 18 岁时，苏翊鸣曾许下了 3 个心愿：通过努力代表国家站上冬奥赛场；完成理想的动作站到最高领奖台上为国争光；在 18 岁这一年拿到一份理想的大学录取通知书。

此前在单板滑雪男子坡面障碍技巧决赛中获得自己的首枚奥运奖牌（见图 7-2）时，苏翊鸣就曾感叹道，努力永远不会欺骗你。如今苏翊鸣的愿望已经实现了两个，相信下一个梦想成真的时刻也不会遥远。

思维拓展

读完苏翊鸣的故事，请描述如何实现自己的梦想？

____

____

____

____

7.3 劳动铸就中国梦

一、中国梦，劳动美

劳动光荣，成就梦想；劳动者伟大，创造历史。劳动，这个闪光的字眼，不因卑微的汗水而被抹黑；劳动，这个朴实的字眼，在咸涩的汗水里浸染而发亮。长期以来，特别是进入新时代以来，千千万万劳动者与祖国共成长、与时代齐奋进，积极投身决战脱贫攻坚、决胜全面小康的伟大实践，在各自的岗位上为国家富强、民族振兴、人民幸福的伟大事业做出了不平凡的贡献，用智慧和汗水拓展了创新发展之路，浇灌了幸福生活之花，涌现出一批拼搏奋斗、争创一流、勇攀高峰、乐于奉献的先进劳动者典型。他们常年奋战在基层第一线，有的在科技前沿潜心钻研，有的为服务民生不辞劳苦，有的带领群众脱贫攻坚，有的坚守平凡岗位默默奉献……他们唱响了劳动最光荣、劳动最崇高、劳动最伟大、劳动最美丽的时代主旋律，展现了当代劳动者胸怀梦想、奋发有为的卓然风采，塑造了引领时代的最美劳动者群像。

劳动是推动人类社会进步的根本力量。幸福不会从天而降，梦想不会自动成真。实现我们的奋斗目标，开创我们的美好未来，必须紧紧依靠人民，始终为了人民，必须依靠辛勤劳动、诚实劳动、创造性劳动。崇尚劳动、热爱劳动是中华民族的传统美德。中华民族是勤于劳动、善于创造的民族。劳动创造了中华民族，造就了中华民族的辉煌历史。五千年中华文明进步历史有力说明，劳动是推动人类社会进步的根本力量。要实现我们的奋斗目标，开创我们的美好未来，就必须依靠辛勤劳动、诚实劳动，发扬伟大劳动精神和伟大创造精神，用劳动建设美丽家园，用奋斗实现美好梦想，用脚踏实地的创造性劳动缔造幸福生活。

实干才能梦想成真。实现中华民族伟大复兴，是一项光荣而艰巨的事业。这项事业是拼出来、干出来的，需要每个人付出艰苦努力，用实干托起中国梦。空谈误国，实干兴邦。中国从近代积贫积弱一步一步走到今天的发展繁荣，靠的就是一代又一代人的顽强拼搏，靠的就是自强不息的奋斗精神。因此，必须在全社会大力弘扬真抓实干、埋头苦干的良好风尚，出实策、鼓实劲、办实事，不图虚名、不务虚功，披荆斩棘、勇往直前。

勤于劳动、善于创造是中华民族最为鲜明的伟大品格，也是当代中国续写发展奇迹的不竭动力。新形势面临新挑战，新发展需要新作为，前进的道路上困难和挑战有增无减。当今，我国已进入中国特色社会主义新时代，全面建成小康社会，实现中华民族伟大复兴的中国梦，离不开劳动者的智慧创造和辛勤付出。作为新时代的劳动者，我们要以新作为肩负起新时代的使命与担当，弘扬劳模精神和劳动精神，辛勤地劳动、创造性地劳动，为实现中国梦注入强有力的精神力量。

二、逐梦新征程

梦想，点亮中国发展的未来；梦想，照见人民幸福的未来；梦想，联通世界，奏响中国与世界发展交融的乐章。时间流淌，见证着一个个梦想成真的伟大瞬间。北京冬奥会开幕式上，44 名孩子用希腊语唱响奥林匹克会歌，清澈的天籁之音打动世界，如图 7-3 所示。演唱的孩子们来自太行山深处的河北省阜平县。2012 年 12 月，中国脱贫攻坚动员令从这里发出，2020 年 2 月，阜平县脱贫摘帽，退出贫困县序列。千年梦想，百年梦圆。到 2020 年底，中国所有 832 个贫困县像阜平一样告别绝对贫困，次年，中华大地全面建成小康社会，中国向着实现中华民族伟大复兴的中国梦迈出新的一大步。

图 7–3 “马兰花儿童合唱团”在北京第 24 届冬季奥林匹克运动会开幕式上演唱

逐梦十年，中国的发展步履更加坚实，经济总量超过 110 万亿元，连年对世界经济增长贡献率超过 30%；人均 GDP 超过 1.2 万美元，形成世界最大规模中等收入群体；天蓝、地绿、水清的“美丽中国”画卷正徐徐展开；在多个科技领域由“追赶”变为“并跑”甚至“领跑”……

逐梦十年，中国的民生保障更加有力，自 2012 年以来实现近 1 亿人脱贫，历史性解决困扰中华民族几千年的绝对贫困问题；老百姓钱袋子更鼓，就医看病更方便，就业选择更多；建成世界最大的社会保障体系，基本养老保险覆盖规模超过 10 亿人；改革发展成果惠及更多百姓，公平正义阳光洒遍城市乡村……

逐梦十年，中国日益走近世界舞台中央，推动构建人类命运共同体，为解决世界难题提供中国智慧、中国方案；主动扩大高水平对外开放，为复苏乏力的世界经济注入强劲动力；跨越不同地域和文化，“一带一路”朋友圈不断壮大，遍及 140 多个国家和 30 多个国际组织……

志之所趋，无远弗届；沧桑巨变，换了人间。2021 年，中国共产党百年华诞之际，第一个百年奋斗目标如期实现，中国向世界豪情宣告——中华民族迎来了从站起来、富起来到强起来的伟大飞跃，实现中华民族伟大复兴进入了不可逆转的历史进程！

伟大梦想令人振奋，逐梦之路充满艰辛。实现中国梦任重而道远，需要锲而不舍、驰而不息的艰苦努力。圆梦，没有躺赢的捷径，只有奋斗的征程，道路不可能一帆风顺，蓝图不可能一蹴而就，梦想不可能一夜成真。我们已经取得辉煌成就，离梦想从未如此接近。同时也要看到，行百里者半九十，距离实现中华民族伟大复兴的目标越近，越不能懈怠，越要加倍努力。实现伟大梦想，必须进行伟大斗争、建设伟大工程、推进伟大事业。只要一代又一代中国人勠力同心、不懈追求、接力奋斗，我们一定能够到达中华民族伟大复兴的光辉彼岸。

思维拓展

1. 你如何理解劳动能够实现中国梦，同时也能够实现个人梦？

2. 逐梦新征程，你将如何实现个人梦想？

相关链接

逐梦新征程　奋进向未来

劳动铸就中国梦

7.4　专题实践

实践活动：小目标大梦想。

现在，青春是用来奋斗的；将来，青春是用来回忆的。梦想从学习开始，事业从实践起步。当今世界，知识快速更新，学习稍有懈怠就会落伍。有人说，每个人的世界都是一个圆，学习是半径，半径越大，拥有的世界就越广阔。从大学出发，从现在出发，制定一个小目标，实现未来大梦想。

为个人定个目标，并制定实现路径，填写表 7-1，也可制作成 PPT 或微视频分享给班级同学。

相关链接

表 7-1　“小目标大梦想”活动记录表

<table>
<tr><th>姓名</th><th></th><th>班级</th><th></th></tr>
<tr><td>活动宗旨</td><td colspan="3">了解自己，树立自己的目标和理想</td></tr>
<tr><td>活动时间</td><td colspan="3">课下</td></tr>
<tr><td rowspan="3">活动实施</td><td>目标简介</td><td colspan="2"></td></tr>
<tr><td rowspan="2">实现路径</td><td colspan="2">（简述自己的梦想，规划实现梦想的途径，做好具体的规划，以及如何在大学期间一步步实现目标，500 字）</td></tr>
<tr><td colspan="2"></td></tr>
<tr><td rowspan="8">活动评价</td><td rowspan="5">评价标准</td><td>评价指标</td><td>分值</td></tr>
<tr><td>目标是否可行</td><td>20</td></tr>
<tr><td>实现路径是否清晰</td><td>30</td></tr>
<tr><td>撰写的具体规划是否科学且易于实施</td><td>30</td></tr>
<tr><td>记录形式是否有创新</td><td>20</td></tr>
<tr><td>评价主体</td><td colspan="2">全体同学</td></tr>
<tr><td>评价方式</td><td colspan="2">利用智慧课堂“学生评分”功能进行线上评分</td></tr>
<tr><td>得分</td><td colspan="2"></td></tr>
</table>

专题 8 躬身实践，知行合一——在实践中成长

学习目标

素质目标：树立“躬身实践，知行合一”的劳动意识，养成服务自己、服务家庭、服务社会的劳动习惯，增强职业认同感和劳动自豪感。

知识目标：了解大学生必须掌握的基本生活技能、职业技能和社会技能；了解掌握各类劳动技能的途径和方法。

能力目标：能够在日常生活和工作中躬身实践，服务自己、服务家庭、服务社会；能利用专业知识和技能主动参与真实的生产劳动和服务性劳动。

思维导图

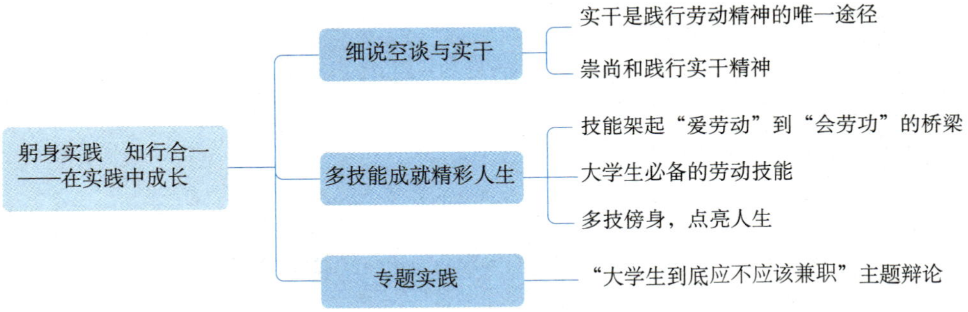

专题导读

中国人讲“知行合一，行胜于言”。一个有成就的人，往往不仅仅是思想上积极，更是善于行动。大学生不仅要在思想上崇尚劳动、尊重劳动，懂得劳动最光荣、劳动最崇高、劳动最伟大、劳动最美丽的道理，更重要的是要在行动上脚踏实地学技能，真抓实干练技能，在辛勤劳动、诚实劳动、创造性劳动中践行劳动精神，体会劳动之美，铸就多彩人生。

自思自检

Q1. 你在生活中能做到“躬身实践，知行合一”吗？

A:____

Q2. 你在生活中具备服务自我、服务他人、服务社会的基本技能吗？

A:____

Q3. 你认为掌握劳动技能对个人成长和发展有什么意义？

A:____

Q4. 你参加过哪些社会实践活动？

A:____

8.1　细说空谈与实干

一、实干是践行劳动精神的唯一途径

空谈，水之泡沫；实干，金之点滴。实践出真知，实干出成绩。

社会主义是干出来的，幸福是奋斗出来的。对于劳动，如果只停留在理论的学习和精神的领会上，不付诸实际行动，那就是空谈。只有空谈而没有行动的人，只会浪费时光。生活中有一些人非常喜欢谈论自己的计划，总是把自己想象成一个特别成功的人，但是从来看不见他的行动，每天只是纸上谈兵，光说不练，理想永远只是理想。在“想要”和“得到”之间还有两个字，那就是“做到”。没有实干，就无法实现人生理想和奋斗目标，行动才是实现梦想的关键。

劳动是生活的关键，也是创造美好生活的唯一途径。临渊羡鱼，不如退而结网。用理论导航，理论与实干并行，才能得到最好的发展。新时代的青年，肩负着实现中华民族伟大复兴的历史重任，必须脚踏实地努力学习，用扎实的学业基础为理想开路，用实干成就伟大事业。实干就是要积极地参与到建设祖国的事业当中，实现知识与实践的统一，为中国梦的辉煌画卷增光添彩。

二、崇尚和践行实干精神

作为新时代的青年大学生，要顺应时代发展大势，在劳动中崇尚和践行务实重干的实干精神。某外卖平台发布的《2019 大学生外卖骑手群体洞察报告》显示，2019 年暑期全国共有 9896 名大学生成为该平台的兼职骑手。这些大学生骑手并非都是生计所迫，他们当中 38% 的人是为了体验生活而选择了这份兼职。这种现象反映出大学生群体中，有相当比例的人已经开始转变观念，树立了崇尚实干的劳动观念。

大学生做兼职骑手，体现了一种实干精神。这种实干精神对于任何领域、任何行业都是难能可贵、值得倡导的。《道德经》有言：“天下大事，必作于细。”再神圣的工作，也都是从点滴的小事做起的。神舟十一号再圆中国人的飞天梦想，这背后是无数科技工作者和一代代航天人的艰辛付出，是他们一步一步筑起中国人的“天上宫阙”。没有脚踏实地的实干精神，飞天梦就失去了支点。正如一位航天人所说，脚踏实地，持之以恒，才能实现梦想。既要有雄心壮志，心存梦想，更要脚踏实地、苦干实干，这不仅是中国航天人的秘诀，也是适用于所有人的普遍法则。

大学生对美好职业的期待无可厚非，但更为重要的是脚踏实地、务实重干。“大学生采煤班”的故事就是当代大学生践行实干精神的典型例子。河南省平顶山市中国平煤神马集团六矿有一个“大学生采煤班”，2名硕士生、2名本科生、8名大专生组成了这个采煤班，主要负责用电脑来操控整套国产自动化器械。他们所在的六矿，不仅采煤量占同期矿内原煤总量的三分之一，还进行了13项技术革新，被评为“全国工人先锋号”。陕西榆林神东煤炭集团哈拉沟煤矿也有一个“大学生采煤班”，同样承担起了煤矿的技术攻坚的光荣使命。他们不负众望，攻克难题，大大提高了煤矿的安全生产系数和生产效能。只有一流的人才“驾驶"一流的采煤设备，煤炭企业才能彻底转型升级，跃上安全生产的新台阶。“大学生采煤班”的青年人用自己的青春和学识，以实干的精神走在了煤矿工人创新的最前列。为国家做贡献，为自己谋幸福，“大学生采煤班”的年轻人觉得自己就是最幸福的“矿工”。

随着时代的发展，就业市场上脑力劳动和体力劳动之间的界线可能会越来越模糊。办公室里普通文员的薪资收入、社会地位和职业成就感，未必就高于建筑工人和育儿月嫂；建筑工人和育儿月嫂所掌握的理论知识和实际技能，也不一定就少于办公室文员。从当前一些高等教育普及率较高的发达国家情况来看，高学历者投身各行各业已成为择业常态，售货员、水管工、汽车司机甚至农民，很多普通劳动者都是大学毕业生。这种局面也将是中国大学生在择业时不得不面对的现实，这也是国家和社会发展的大势所趋。从另一个方面来看，越来越多的大学生加入各种行业，也带动了知识、技术和经营管理理念的更新，对传统行业具有“点石成金”的效应，能够推动传统行业成长为更具知识和技术含量、具有高附加值的新业态，有利于促进我国经济结构优化和产业升级，有利于生产力的发展。例如，在传统业态下，外卖送餐只是餐馆的一项附属业务。当其成为大学生创业项目后，青年高知群体充分发挥了“互联网+”的功能，加上规模化、组织化运营，外卖送餐很快成为一个庞大行业。这种“点石成金”的魔幻现实并不仅仅存在于外卖行业，从种植业到养殖业，从手工业到简单制造业，从交通运输业到家政服务业，几乎每一个传统行业，都能因为人才、知识和技术的注入而获得新生。只要我们青年大学生能够脚踏实地、务实重干，每个行业都有我们施展才华的空间与舞台，都能在伟大的新时代成就一番属于我们自己的精彩事业。

苏格拉底曾说过：“只想不做的人只能生产思想垃圾，成功是一把梯子，双手插在口袋里的人是爬不上去的。”仰望星空，是未来人生的蓝图，而脚踏实地，是引领我们前进的人生地图。“空谈误国，实干兴邦”不是口号，而是一种理念、一种精神。我们新时代青年大学生应该崇尚和践行实干精神，将实干作为自己的梦想之翼、幸福之基、成长之径，用实干铺就通往成功的人生坦途。

读案例

案例 1　纸上谈兵

战国时期，赵国名将赵奢的儿子赵括，从小就熟读兵书。他一谈起用兵之道，连赵奢都说不过他。日子久了，赵括便自以为天下没有人能比得上自己。但赵奢深知儿子并没有带兵打仗的真本事，因此他临终前嘱咐赵括，千万不要担任将军的职务，否则必定会给赵国带来失败。

公元前 262 年，秦国进犯赵国。赵王任命廉颇为大将，率军抵抗。久经沙场的廉颇领军 20 万前去抗敌，两军在长平展开了大战。廉颇见秦军强大，不能硬拼，便决定在长平筑垒固守，等到秦军粮草供给不足的时候再出兵作战。于是廉颇下令闭门不出，进行严密防守，不管秦军如何挑衅，都不应战。就这样，廉颇在长平坚守达三年之久，秦军没能得逞。

秦国见一时无法取胜，就派人到赵国都城邯郸去散布流言，说廉颇惧怕秦兵，秦国特别怕赵王任命赵括为将。赵王果然中计，下令由赵括取代廉颇为大将。

赵括根本没有实际作战经验，一上任便改变了廉颇的作战方案，向秦军发起全面攻击。秦军假装战败，一直将赵军引到秦军大营前。赵括知道中计，可为时已晚。赵军成了瓮中之鳖。几十万赵军内无粮草，外无援军，陷入了绝境。

46 天后，赵括决心孤注一掷地向外突围，还没冲到秦军的阵地前，就被乱箭射死了。主帅一死，赵军全线崩溃，40 万大军全被秦军活埋。从此以后，赵国一蹶不振。

案例 2　实干是坚持与奉献的过程

八十四岁高龄的钟南山院士（见图 8-1），在武汉抗击疫情时建议：“没有什么特别情况，不要去武汉。”自己却做了逆行者，义无反顾地赶往武汉防疫的第一线，满满的行程安排，只为救治被病痛折磨的人们。他像一把火炬，不断照亮前方。他挺身而出，勇敢逆行，奔赴疫情灾区，带领医护人员与病毒做抗争，与死神争分夺秒，奋力挽救一个个生命。他还说：“把危重的病人送到我这里来”。这样大无畏精神的话语犹如定海神针让成千上万的人看到了战胜病毒的希望。这种坚持与奉献就是实干的体现。

图 8-1　钟南山

案例 3　实干是一份执着的坚守

“敦煌女儿”樊锦诗（见图 8-2），选择了千里之外的西部小镇，一来敦煌就再也没有离开。她潜心石窟考古研究，完成了北朝、隋、唐代前期和中期洞窟的分期断代，出版了《敦煌石窟全集》。她坚持改革创新，运用遥感测绘技术，致力将莫高窟外形、洞内雕塑等一切文化遗迹，虚拟在电脑里，开创敦煌莫高窟开放管理新模式。“舍半生，给茫茫大漠。从未名湖到莫高窟，守住前辈的火，开辟明天的路。半个世纪的风沙，不是谁都能经得起吹打。一腔爱，一洞画，一场文化苦旅，从青春到白发。心归处，是敦煌。”樊锦诗用五十七年的执着和坚守谱写了一个文物工作者的平凡与伟大。

图 8-2　樊锦诗

思维拓展

1. 结合案例 1 阐释“实践出真知”的道理。

____

____

____

____

2. 结合案例 2 和案例 3，阐释新时代青年如何以实干实现梦想。

____

____

____

____

8.2　多技能成就精彩人生

大学生在校期间要努力掌握扎实的专业知识和过硬的专业技能，加强劳动实践，在实践中检验自己，在实践中成长，既有一技之长，又有多技傍身，成就精彩人生。

一、技能架起“爱劳动”到“会劳动”的桥梁

爱劳动、会劳动、懂劳动是培养新时代劳动者的“三部曲”。

“爱劳动”是对劳动者的基本态度要求，是要求劳动者主观意识上认同“劳动创造美好生活、劳动不分贵贱”，尊重普通劳动者，树立“崇尚劳动、热爱劳动、辛勤劳动、诚实劳动”的劳动精神。“爱劳动”不能停留在“说”上，“说到”和“做到”中间隔着一种能力，就是劳动技能。

“会劳动”是对劳动者的基本工作能力要求，是劳动者具备满足生存及发展需要的基本劳动能力要求。“三百六十行，行行出状元”，行行都有自己的劳动素质、劳动技能要求。老师教学科研搞得好，学生技能大赛斩获佳绩，都是基于专业的素质、过硬的技能。有些人把工作做精、做实、做出成绩，成为专家、工匠、能手、标兵；有些人为党和国家做出了不凡的贡献，获得了“共和国勋章”，或成了院士、劳动模范、大国工匠。

新时代青年要坚定理想信念，培育高尚品格，练就过硬本领，勇于创新创造，既要做好理论武装，又要掌握必要的劳动技能，做到知行合一、与时俱进，在新时代经济社会发展中发光发热。

二、大学生必备的劳动技能

大学生要掌握的劳动技能有很多，主要有生活技能、职业技能和社会技能等。

人间万事凭双手

（一）生活技能

生活技能是一个人有效地处理日常生活事务需要掌握的各种技术和能力。

日常生活劳动指与衣食住行等相关的劳动，是一种与日常生活相联系的社会实践活动，是劳动的最基本形式，示例如图 8-3 所示。对于大学生而言，日常生活劳动通常包括个人日常生活事务处理和集体生活劳动，如个人内务整理、仪容仪表规范、宿舍打扫、校

园清扫、食材烹饪、器械维修等。

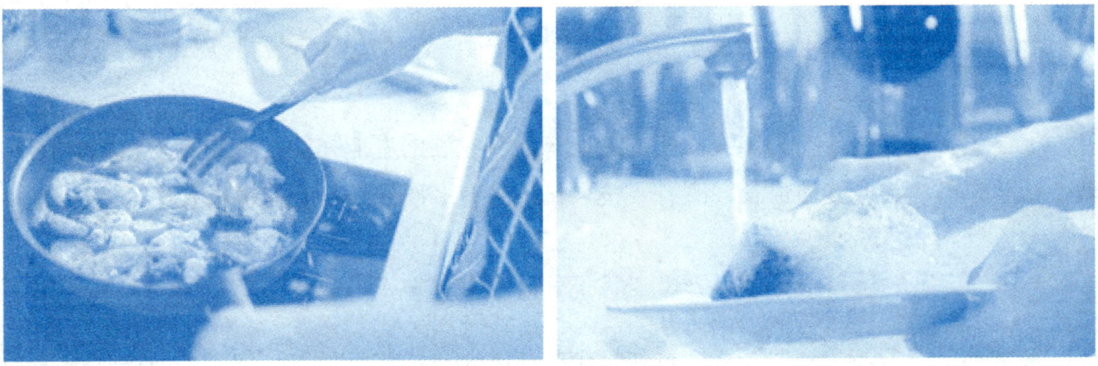

图 8–3 日常生活劳动示例

生活技能是生存的基础，是大学生发展其他劳动素养的前提。掌握生活技能有利于大学生的自觉性和独立性的发展，有利于其责任感、自信心、良好个性品质的形成。掌握生活技能，能增强生活自理意识，克服依赖心理，锻炼意志品质，增强自信心。

生活技能主要通过家务劳动实践和学校集体劳动实践来提升。在家务劳动实践中，可以体验劳动的烦琐与艰辛，学会感恩，减轻家人的劳动负担，培养家庭责任感，营造温馨的家庭氛围。在学校集体劳动实践中，可以学会团结协作、尊重他人，收获自我满足感和成就感。

（二）职业技能

职业技能是大学生将来实现就业和服务社会经济发展所需要掌握的技术和能力。职业技能包括专业技能和通用技能。

专业技能指从事某方面工作的熟练技能，是大学生基于专业知识学习而形成的思维活动能力和职业实践能力。术业有专攻，专业技能是我们赖以谋生的手段，是发挥自身才能、实现人生价值的武器。知识经济时代，拥有一技之长，是赢得竞争、实现更好生存发展的本钱。

通用技能则是指从事职业所需的职业素质和职场基本技能。每个人必然会以“工作者”的角色出现在职场中，步入职场，就需要掌握一定的职场基本技能，如职场礼仪、办公软件操作技能、语言表达及沟通技能等，这些技能可以帮助我们拥有和谐的人际关系，更好地发挥自己的专业特长。

掌握职业技能是大学生成为高素质劳动者和技术技能人才的立身之本。通用技能与专业技能互为补充，形成一个人的实际工作能力。

（三）社会技能

社会技能是一个人融入社会、服务社会所需掌握的技术和能力。社会技能包括与他人交往的能力、自觉做事的能力、学习和创新的能力、团队合作的能力、适应约束和挑战困难的能力、适应社会变化和竞争的能力等。

社会技能对个体的社会支持、身心健康、工作效率等具有重要作用，通过参与社会劳动正确认知世界、理解社会，形成尊重他人、帮助他人、服务社会的意识，培养、提升创新创业技能。在新时代、新形势下，大学生要掌握社会技能，在所处的家庭与学校、工作（实习）单位、乡村与社区等环境中做到游刃有余，利用自己的认知与相关技能奉献社会。

三、多技傍身，点亮人生

技能越多，能力越强，越能适应新时代、新劳动岗位。俗话说“技多不压人”，在科技飞速发展的当代社会，新知识、新技术、新工艺、新方法层出不穷，只有掌握过硬的劳动技能，才能成就“干一行爱一行”的担当，才能拥抱事业，拥抱明天，拥抱一切。

术业有专攻

一千个零比不上一个一，一千次承诺比不上一次付出，一千句话比不上一次行动。脚踏实地、勤学苦练是掌握技能的根本。技能要在劳动中获取，并且在劳动中得到强化与拓展。

大学生在校期间如何做才能更好地掌握劳动技能呢？参加日常生活劳动、生产性劳动和服务性劳动，是掌握生活技能、职业技能和社会技能的重要途径。

（一）理论实操相结合

大学的课堂学习，既有足够的理论课，也有大量的实操环节，“学校像工厂、教室像车间”，理实一体化的课程既能学到理论知识，又能提高动手操作能力。同学们要充分利用学校的资源，依托实习实训，参与真实的生产性劳动和服务性劳动，勤学苦练，手脑并用，练就扎实的专业基本功，在校期间考取职业资格证书，为将来从事本专业工作奠定基础。

（二）技能大赛促提升

大学生职业技能大赛是依据国家职业技能标准，结合生产和工作实际开展的以突出操作技能和解决实际问题能力为重点的、有组织的竞赛活动。大学生在校期间要积极参加各级各类职业技能大赛，包括国家级职业技能大赛（见图 8-4）、挑战杯大学生创业大赛、“互联网 +”创新创业大赛等。

图 8-4　职业技能大赛

参加技能大赛可以提升解决问题的能力。备赛过程中会遇到各种问题，通过向导师请教、去图书馆查阅资料、上网搜索最新技术等途径，分析和解决问题的能力得到训练。

参加技能大赛可以提升团队协作能力。职业技能大赛的很多赛项是团体赛，三人一组或五人一组，在这样的小团队中，队员间需要相互配合协作才能完成任务。

参加技能大赛可以提升职业综合素质。经过高强度的备赛和比赛，专业技术水平会突飞猛进，吃苦耐劳、精益求精、爱岗敬业的职业素质悄然养成，这些职业素质最为用人单位所重视。

（三）社会实践助成长

社会实践是大学生了解社会、认识社会、服务社会的有效途径，是连接学校教育和社会教育的重要方式，如图 8-5 所示。社会实践劳动是指大学生在学校、家庭以外所参加的社会生活的各种社会性实践活动，主要指大学生利用业余时间、节假日开展的活动。例如，校外实习实训、社会调查研究、志愿服务、勤工助学、社区服务、“三下乡”社会实践活动、共青团或学生会组织举办的各种活动等。

图 8-5　大学生社会实践

大学生走出校园，利用所学知识参加一定的社会实践活动，不仅能够锻炼体魄，增强劳动观念和劳动技能，发展身心健康，陶冶审美情趣，而且有利于认识社会、了解社会、拓宽视野、增强能力、提高人文认识和个人综合素质，为今后步入社会打下良好的基础。

读案例

案例 1　大三学生杨旭霞——在职校，努力走得更远

“千万不要触碰高温板，它有110℃；烫金之前，要注意检查高温板预热是否充分……”天津职业大学包装与印刷工程学院的实训教室里，柴三中老师正在讲授纸包装印后加工操作技术。包装策划与设计专业大三学生杨旭霞按照老师的指导，细心地转动传送轮，烫金包装纸随之而成。

杨旭霞来自河北省石家庄市的一个村庄。2018 年，她以高出二本院校分数线 40 多分的成绩，被天津职业大学录取。

进入学校，她觉得自己没有选错。学校的实训教室里，200 多台各式设备，她每个都想试试。课程是针对岗位需求和职业能力标准设计的，既学专业知识，又有实训设计。包装结构课的公式计算很抽象，教课的牟信妮老师就动手裁出一个纸盒，告诉学生计算的原理；包装设计工艺不好掌握，柴三中老师创设了一个工作场景，教学生掌握基本原理。

上大二时，牟信妮老师邀请杨旭霞参与一项专利设计。整个设计过程十分复杂，要不断解决问题。她熟练掌握了计算方法和软件使用，也了解到各种包装材料的属性。2019 年，她作为第二作者获得了人生第一个专利。杨旭霞还获得了 2019 年中国包装创意设计大赛二等奖、2020 年中国包装创意设计大赛一等奖、第十二届“挑战杯”中国大学生创业计划竞赛二等奖等荣誉。

杨旭霞的努力也带动了室友。她们发现，陶瓷物品包装中使用了大量泡沫材料，不太环保。去年初，她们研究设计了一款瓦楞纸板包装盒，通过精确计算尺寸固定住瓷器，实现不需要任何填充物包装运输。

凭借过硬的技能，天津职业大学的毕业生在企业中赢得了良好的口碑。杨旭霞说，她想找一个发展空间大的企业，希望成为行业里的优秀人才，努力走得更远。

案例 2　种植户学员刘杨——学到新法子，土里生金子

春风料峭，41 岁的黑龙江农垦五大连池农场农民刘杨脱下夹克，忙得浑身冒汗。在

黑龙江农垦职业学院扩招班的这个4人学习小组里，除了刘杨，还有种植大户、农机能手……他们已经连续4天蹲坐在一台玉米收割机旁做“课后作业”：如何改装收割机，减少台风灾害带来的玉米倒伏损失？

这样的项目式学习在黑龙江农垦职业学院扩招班十分常见。老师收集学员在生产中遇到的实际问题，课上分析后形成项目。学员们通过小组讨论、课后实践、成果展示，提出行之有效的解决方案。

进校读书之前，刘杨常听人提起测土施肥、自动驾驶、航化作业等，自己却一窍不通。看着现代农业日新月异，刘杨越发渴求新的农业知识。2019年6月，朋友转来“黑龙江省高职扩招专项招生”通知，刘杨毫不犹豫地报了名，随后拿到农业装备应用技术专业录取通知书。2019年，黑龙江农垦职业学院的11个专业通过扩招专项招生，共录取了949名像刘杨这样的学生，他们来自农业生产的各个领域——种植户、农机户、养殖户……从田间来到课堂，再把知识“种”回土地上。

“每年3次，每次两周的本校集中培训外，每月线上讨论学习、线下操练作业各两节课，平时还少不了用APP完成线上学习任务。”刘杨说。

“只‘种地’不‘懂地’，可不行。现在我种的大豆籽粒饱满，经销商都抢着要。”刘杨说，“经过在职业学院的学习，我学会了操作维护知识，能给农机装上卫星导航，自动驾驶能标准化种植，省力高效。学会使用植保无人机，不用全覆盖喷药了，成本更低，还能培肥地力。这些新法子，真能在土里生金子！”

案例3　机器人工程师陈兴富——职业教育一样可以成才

制订工作计划、示范技术要点……在公司忙碌一天后，陈兴富回到家还会继续研究机器人技术，他手上还有几项发明、实用新型专利正在攻坚期。研究间隙，他还学习外语，了解相关行业内容。

从广州市轻工职业学校毕业至今，陈兴富一直在机器人领域深耕。从普通的调试员开始，陈兴富一路成长为助理工程师、项目调试工程师、项目负责人、部门主管，现在就职于埃华路机器人工程有限公司，管理着一个10人的团队。

2008年，陈兴富拿到了高中录取通知书，在多番了解、仔细思考后，他决定放弃读高中，去广州市轻工职业学校就读机电一体化专业。3年学习生活，让陈兴富对机械控制越来越感兴趣，他在校期间成绩优秀，获得了广东省技能大赛机电一体化设备组装与调试赛项二等奖。

“学校实践课程比较多，大多是以提出问题、引导解决的方式进行，在这个过程中，我开拓了思维，动手能力也得到了很大提升。”陈兴富觉得自己当初的选择是对的，“只要自己愿意学，愿意奋斗，职业教育一样可以成才，可以实现个人梦想。”

陈兴富进入机器人领域比较早，他的实践能力强，经常能够提出创新方案，缩短项目周期，为公司节约成本。公司领导看到陈兴富的能力，也很鼓励和支持他进行创新。

几年前，学校开始组建机器人专业，还邀请陈兴富以兼职教师的身份为在校生进行机器人应用实训。这些年，陈兴富培训并带入行业的校友就有近 20 名。“我希望能够将自己所知告诉师弟师妹，让他们对自己更有信心，也能更早了解自己的兴趣，朝着这个方向努力。”

目前，陈兴富所在公司正努力发展机器在航天航空、医疗等领域的应用，对技术与创新的要求不断提升。面对新挑战，陈兴富跃跃欲试，“学了技术才有今天的我，职业教育是我职业发展的起点，未来还是要靠自己创造才行。”

案例 4 全国先进工作者梁智滨——世界冠军是这样“砌”出来的

“作为第 44 届世界技能大赛砌筑项目金牌得主，我将把手中的绝活传承到下一代，让中国砌筑技术屹立在世界舞台中央。”全国先进工作者、广州市建筑工程职业学校实习指导教师梁智滨（见图 8-6）说。

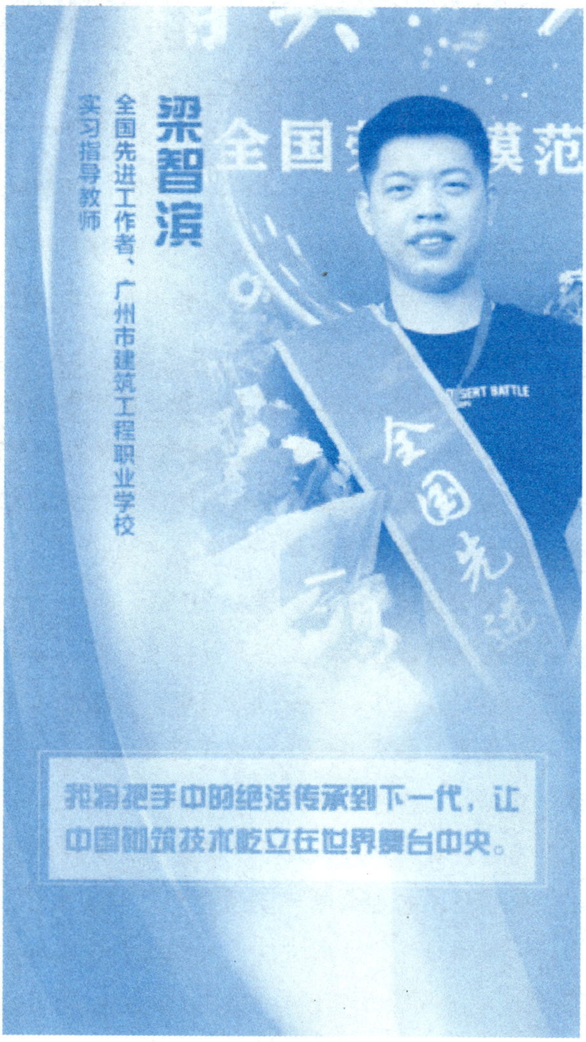

图 8–6 梁智滨

2017 年 10 月 19 日，第 44 届世界技能大赛在阿联酋阿布扎比闭幕。高举中国国旗站上了砌筑项目冠军领奖台的是梁智滨。他以不超 1 毫米误差的垂直度、平整度、清洁的墙面外观，以及对时间的准确把握，砌出了三堵“高颜值”墙。这是中国选手在世界技能大赛砌筑项目上首次夺金。

梁智滨说：“获得世界冠军，绝非偶然事件，而是源于连续两年每天练习 10 个小时铲灰砌砖的坚持。”从 2015 年 10 月到 2017 年 10 月，“一铲灰、一块砖、一挤压”这三个动作，他每天重复 300 次，两年内他砌了 400 多堵墙，那些墙拆了又建，建了又拆。图 8-7 为梁智滨正在砌墙。

图 8–7　梁智滨正在砌墙

如此枯燥的动作，梁智滨会不断重复，力求每一条砖缝都处理得干净而快速。为了不影响手感，梁智滨在练习时从不戴手套，指甲缝里常常掺入青白的石灰。

在师傅林晓滨的眼中，徒弟梁智滨的日常生活就是“机械性地重复”，砌墙，推倒，再砌。闷热的夏天，在没有电扇和空调的大铁棚里，师徒俩照练不误。

“白天练习，晚上回到宿舍总结当天的得失，避免犯同样的错误。”梁智滨说，“不管是水平测量，还是垂直方向和角度测量，都不允许出现 1 毫米的误差。此外，还要在墙体的清洁度及艺术美观上有严格的要求。”

让梁智滨记忆最深的是，2016 年 8 月，由于天气太热，连续多天的练习，梁智滨出现了发烧症状。每天，他去医院打完吊瓶，马上赶回集训中心开始练习。从板墙开始，到数字、字母、国旗、天安门等图案，梁智滨见缝插针地进行练习。

在世界技能大赛现场，按照比赛规则，选手必须按照图纸在 22 个小时内砌出 3 面墙体。在这场比赛中，梁智滨使用的工具多达 20 多种。梁智滨说：“成功源于平日的积累。没有之前的重复训练，是不可能拿到世界冠军这个荣誉的。”

登顶世界技能大赛砌筑项目的冠军宝座后，梁智滨回到学校继续攻读造价工程专业。同时，他通过广州市引进技能人才绿色通道，成为学校的实习指导老师。如今，尽管他才 22 岁，对自身能力却有了很清晰的认识。图 8-8 为梁智滨现场指导学生练习。

图 8-8　梁智滨（右一）现场指导学生练习

梁智滨告诉记者，在砌筑或者建造这一行，没有师傅教是做不好的。面对年纪相仿的徒弟，担任实习指导教师的梁智滨决定一边编写砌筑实操教材，一边宣讲世界技能大赛奋斗故事，做到理论与实践有机结合起来，用行动培养更多的年轻工匠，让中国砌筑技术屹立在世界舞台中央。

展望未来，梁智滨想打造一支建筑队，专门为古建筑修复服务。学习建筑专业后，梁智滨对古建筑的墙壁产生了浓厚的兴趣。梁智滨每次参观广州沙面、北京故宫等名胜古迹，第一时间不是看文物、拍照，而是摸一摸那一堵堵有历史价值的墙壁，分析墙壁的建造方法和工艺。

“现在我把砌筑做到了极致，所学的是砌一堵墙，但建一栋完整的房子需要更全面的知识，我还要继续学习。”梁智滨说。

思维拓展

1. 读完以上案例，你对“劳动成就梦想　技能点亮人生”这句话有何认识？

2. 你对在大学中如何掌握各种必备技能的想法是什么？

相关链接

技能点亮退伍侦察兵的“报国梦”

技能冠军和他的“远大前程”

打破学历门槛，“小鲁班”变身“教书匠”

8.3 专题实践

实践活动：“大学生到底应不应该兼职”主题辩论

有人认为，大学生做兼职可以锻炼自己的能力，增加人生阅历，也可以解决一部分生活费，何乐而不为。也有人认为，大学生的主要任务是学习，不能本末倒置，大学生还是要以学业为主。如果单纯只是为了赚钱而去兼职，则是一种时间上的浪费。有时间，可以多看点书，拿到的奖学金及其他资源的回报远是兼职所不能比拟的。

你是如何看待兼职的？请以小组为单位开展“大学生到底应不应该兼职”主题辩论，将辩论过程填入表 8-1 中，或将辩论过程录制成视频分享给班级同学。

相关链接

辩论赛的流程及规则

表 8-1　“大学生到底应不应该兼职”主题辩论活动记录表

<table>
<tr><th>小组名称</th><th></th><th>组长</th><th></th></tr>
<tr><td>活动宗旨</td><td colspan="3">通过主题辩论赛进一步提升对“躬身实践，知行合一”的理解</td></tr>
<tr><td>活动时间</td><td colspan="3">课下</td></tr>
<tr><td rowspan="3">活动实施</td><td>辩论安排（正方、反方、主持人、评委安排，活动规则等）</td><td colspan="2"></td></tr>
<tr><td>辩论过程记录（包括正反方主要论点论据、小结、评委点评等）</td><td colspan="2"></td></tr>
<tr><td>总结感悟</td><td colspan="2"></td></tr>
<tr><td rowspan="8">活动评价</td><td>评价主体</td><td colspan="2">全体同学</td></tr>
<tr><td>评价方式</td><td colspan="2">利用智慧课堂“学生评分”功能进行线上评分</td></tr>
<tr><td rowspan="5">评价标准</td><td>评价指标</td><td>分值</td></tr>
<tr><td>活动组织有序、辩论热烈</td><td>20</td></tr>
<tr><td>正反方观点明确、论据充分、小结全面</td><td>30</td></tr>
<tr><td>评委点评站位高、见解深刻</td><td>20</td></tr>
<tr><td>活动总结全面</td><td>30</td></tr>
<tr><td>得分</td><td colspan="2"></td></tr>
</table>

模块二

学劳动之技，展劳动之能

专题 9 自立自强做好日常事——生活技能

实践目标

（1）能独立烹饪几道家常菜。

（2）能经常整理和清洁自己的房间。

（3）能积极参加校园劳动。

（4）培养服务自我、服务家庭、服务他人的习惯，享受劳动的乐趣。

思维导图

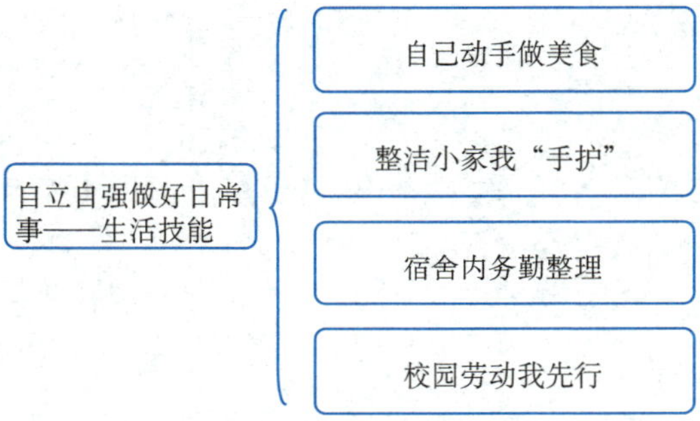

专题导读

俗话说“一屋不扫何以扫天下”。小事不做何以成大事，我们在日常生活中，每天都会做一些生活小事，如洗衣、做饭、整理房间等。做小事养成习惯，好习惯成就大事。认真做好每一件小事，有助于培养一个人良好的生活习惯及对社会、对家庭、对他人的责任感。新时代的大学生应该自立自强，掌握必要的生活技能，自己动手做好日常事。

本专题分为两个部分，第一部分为实际操作，同学们根据劳动实践的四个项目，在家长的指导或老师的帮助下进行学习和劳动实践；第二部分为个人展示，由每个同学按照要求将任务实施的记录上传到相关平台，并在班级中向同学们展示，其他同学利用平台的“学生评分”功能进行线上评分。

9.1　自己动手做美食

任务目标

（1）能分辨蔬菜类、肉类、水果类等食材的品质，会选购新鲜食材。

（2）掌握蒸、煮、煎、炒、煲等烹饪技巧，能独立完成 1 ～ 3 道拿手菜。

（3）通过烹饪感受生活的美好，促进家人的互相理解，营造和谐的家庭氛围。

任务导图

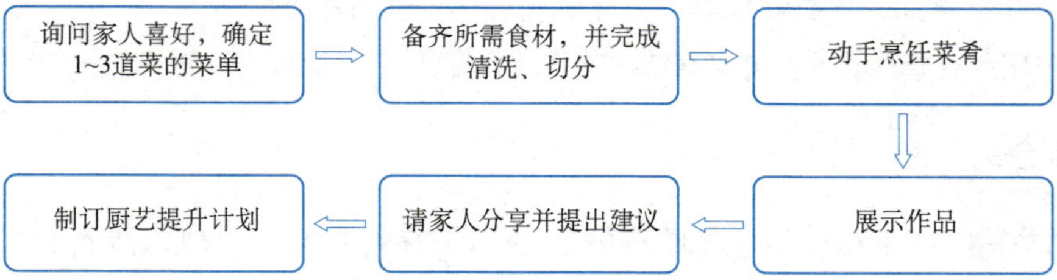

任务准备

一、确定菜单

中国幅员辽阔，各地的菜肴都独具特色，形成了不同的菜系，其中著名的八大菜系有鲁菜、川菜、粤菜、苏菜、闽菜、浙菜、湘菜、徽菜。我们可以根据家人的爱好确定菜单，应注意荤素搭配、健康营养。

告别厨房小白

二、备料

根据菜单及烹制方法，备齐所需的调料和食材等。注意材质要新鲜，量要适中。备料时应注意考虑以下几个方面。

（一）量的搭配

突出主料：配制多种主辅原料的菜肴时，应使主料在数量上占主体地位。例如，蒜苗炒肉丝、韭菜炒肉丝等时令菜肴，主要应突出蒜苗和韭菜的鲜味，配制时应使蒜苗和韭菜占主导地位，如果时令已过，这些菜就应以肉丝为主。

平分秋色：配制无主辅原料之分的菜肴时，各种原料在数量上应基本相当，互相衬托。例如，熘三样、爆双脆、烩什锦等。

（二）质的搭配

菜肴的主辅料应软软相配（如鲜蘑豆腐）、脆脆相配（如油爆双脆）、韧韧相配（如海带牛肉丝）、嫩嫩相配（如芙蓉鸡片）等，这样搭配能使菜肴生熟一致，符合烹调要求。

（三）味的搭配

浓淡相配：以配料味之清淡衬托主料味之浓厚。例如，三圆扒鸭（三圆即胡萝卜、青笋、土豆）等。

淡淡相配：此类菜以清淡取胜。例如，烧双冬（冬菇、冬笋）、鲜蘑烧豆腐等。

异香相配：主料、辅料各具不同特殊香味，使鱼、肉的醇香与某些菜蔬的异样清香融合，别有风味。例如，芹黄炒鱼丝、葱爆里脊、青蒜炒肉片等。

一味独用：有些菜肴重在突出其特殊味道，只宜独用。例如，北京烤鸭、广州烤乳猪等。

（四）色的搭配

菜肴主辅料的色彩搭配要求协调、美观、大方，有层次感，一般原则是配料衬托主料。

顺色菜：组成菜肴的主料与辅料色泽基本一致，多为白色。所用调料通常是盐、味精和浅色的料酒、白酱油等。这类保持原料本色的菜肴，色泽嫩白，给人以清爽之感，食之利口。例如，鱼骨、鱼肚、豆腐、莲菜等都适宜配顺色菜。

异色菜：将不同颜色的主料、辅料搭配在一起的菜肴，应用极为普遍。为了突出主料，使菜品的色泽层次分明，应使配料与主料的颜色差异明显些。例如，以绿的青笋、黑的木耳配红的肉片，用碧色豌豆与玉色虾仁同烹，会产生令人赏心悦目的色泽效果。

（五）形的搭配

形是指经刀工处理后的主辅料的形状，其搭配方法有两种。

同形配：主辅料的形态和大小要保持一致，如爆炒三丁（见图 9-1）、土豆烧牛肉、黄瓜炒肉片、凉拌藕片（见图 9-2）等，分别是丁配丁、块配块、片配片，这样可使菜肴产生一种整齐的美感。

图 9-1　爆炒三丁

图 9-2　凉拌藕片

异形配：主辅料的形状不同、大小不一，如荔枝鱿鱼卷，主料鱿鱼呈筒状蓑衣形，配料荔枝则为圆或半圆形。这类菜肴在形态上别具一种参差错落美。

三、烹饪

合法劳动价最高

（一）炊具的选择及使用

1. 普通锅具

普通锅具是指不需用电的炒锅和蒸煮锅等。从材质上分，有铁锅、不锈钢锅、合金锅等。铁锅容易生锈、粘锅及产生油烟。不锈钢锅外表好看、不容易生锈，但导热性差，容易烟底，有油烟。合金锅通过合金材料及涂层，能提高导热、减少煳底。选择炒锅时尽量选取正规厂家生产的铁锅和合金锅，铁锅的锅底厚度要在 3mm 以上；蒸煮锅可以选择不锈钢锅，复合底的锅更结实耐用。

2. 厨房电器

科技日益发达的今天，厨房中智能电器越来越多，如电饭锅、微波炉、电饼铛、豆浆机等，使我们的生活更加便捷舒适。

在使用厨房电器之前，一定要详细阅读使用说明书，并注意用电安全。以微波炉为例，使用前一定要了解微波炉禁止加热的食物及包装。例如，不能在微波炉里加热盒装奶、煮带皮鸡蛋，不能加热用金属器皿盛装的食物等。厨房电器不宜同时使用过多，否则容易引起跳闸。

（二）一般菜肴的制作

教你做西红柿炒鸡蛋　教你做鸡肉咖喱　教你做捞面

1. 调味品的选择和使用

盐：盐是百味之本，盐的主要作用是出鲜味、去异味、保鲜食物。烹饪时盐一般后放，可使菜肴更鲜嫩，放早了菜肴易变老。使用时一定要注意量，一个成人每日摄入食盐量以 3 ～ 6 克为宜（如果我们拿一个矿泉水瓶盖来量取的话，一瓶盖大约是 10 克盐）。

酱油：酱油是仅次于盐的重要调味品，它除含有 18% ～ 20% 的盐分，还有多种氨基酸、糖类、有机酸、色素和香料成分。除了咸味儿，酱油还有鲜味、香味等，能增加和改善菜肴的口味，还能增加和改善菜肴的色泽。一般调拌凉菜时多使用生抽，烹制肉菜时使用老抽等。

食醋：分为米醋、白醋、熏醋三种，是呈酸味儿的主要调料。它的作用是去腥味，所以做鱼类菜肴时常放醋；醋能解油腻。醋除了具有去腥、提香、解腻、增鲜的作用，烹调时添加醋能减少维生素的损失，还能促进钙质的分解。醋应在菜肴加热后放入，以免丧失醋的香气。

另外，还有味精、蚝油、胡椒粉、十三香、咖喱等丰富多彩的调味品，我们可根据食材的特点选择合适的调味品。

2. 凉菜的调制

凉菜在饮食业俗称冷盘。我们在日常生活中经常要调制凉菜，凉菜的制作方法很多，常见的有 6 种，即拌、卤、炝、腌、冻、泡。

生活中调制凉菜最常用的方法是拌，主料是用生的或凉的熟料，切成丝、片、丁、末等形状，再配以各种调味品搅拌均匀即称为拌。

调制凉菜常用的主要调味品有酱油、醋、亚麻籽油、芝麻油、辣椒油、蒜泥、芥末、白糖、味精、精盐，生抽等。不同的食材需要的调味品不尽相同，我们可以通过学习与实践，不断改进自己调制凉菜的技能。

3. 热菜的烹制

热菜的烹调方法很多，根据不同操作程序和加热方法，大致可分为炒、爆、炸、烹、烧、熘、扒、煨、煎、贴、酿、氽、烩、涮、烤、蒸、蜜汁、拔丝、挂霜等类。

家庭中做热菜用得最多的是炒、炖、蒸。不同的菜品有各不相同的烹饪方法。大家可以请教自己身边的厨艺达人，也可以充分利用网络资源，通过百度、小红书等教学视频一步步地进行学习。

4. 在备菜、炒菜时应注意的相关事项

（1）对于先切后洗还是先洗后切，正确的方法是：先洗后切，且不要切得太碎，否则容易流失菜里面的营养和汁液。

（2）连续炒很多菜肴的时候，每道菜肴烹饪后一定要涮锅，因为油品经过上一个菜肴的煎炒烹炸之后，不仅仅有食物的残渣，还会有一些致癌物质潜在其中。

（3）炒完菜之后，不要立即关闭抽油烟机，要让抽油烟机继续工作 5 ～ 8 分钟，让做菜过程中产生的油烟尽量消散。

（4）油入锅加热时，放菜时的油温不要太高，热锅温油即可。不要等到油冒烟了再放入佐料和食材，因为油冒烟时的温度往往达到了 200℃以上，这个温度最容易破坏食材的组织结构，造成营养流失。

（5）尽量避免油的重复利用，少用动物油脂。

（6）在烹饪过程中要注意安全，人不要远离厨房，防止溢出的汤汁浇灭火苗造成燃气泄漏事故。

四、厨房清洁

走进厨房　　整理厨房

日常一顿饭吃完，放下碗筷后要做

的家务大致分为 4 部分，即收拾餐桌、洗餐具、擦灶、擦地，大家可以根据自己的习惯进行必要的清洁。

任务实施记录

自己动手制作美食，并填写表 9-1。

表 9-1 “自己动手制作美食”——美食制作记录表

<table>
<tr><td>班级</td><td></td><td>实施日期</td><td></td></tr>
<tr><td>姓名</td><td></td><td>学号</td><td></td></tr>
<tr><td>任务要求</td><td colspan="3">制作完成 1 ～ 3 道家常菜，并完成厨房清洁</td></tr>
<tr><td rowspan="6">任务实施</td><td>菜单</td><td colspan="2">1.
2.</td></tr>
<tr><td>食材准备</td><td colspan="2">（此处包括所需的调料和菜品原材料）</td></tr>
<tr><td>制作流程</td><td colspan="2">（文字和图片）</td></tr>
<tr><td>成果展示</td><td colspan="2">（图片、视频）</td></tr>
<tr><td>家人评价</td><td colspan="2"></td></tr>
<tr><td>感悟与收获</td><td colspan="2"></td></tr>
<tr><td rowspan="8">任务评价</td><td>评价主体</td><td colspan="2">全体同学</td></tr>
<tr><td>评价方式</td><td colspan="2">利用智慧课堂“学生评分”功能进行线上评分</td></tr>
<tr><td rowspan="5">评价标准</td><td>评价指标</td><td>分值</td></tr>
<tr><td>能清楚展示至少 2 道菜肴的制作全过程</td><td>50</td></tr>
<tr><td>有个人制作的过程图片或视频</td><td>20</td></tr>
<tr><td>成品展示需要制作人与菜肴同框</td><td>20</td></tr>
<tr><td>家人评价要客观真实，最好是视频</td><td>10</td></tr>
<tr><td>得分</td><td colspan="2"></td></tr>
</table>

9.2 整洁小家我“手护”

任务目标

（1）学会家庭清洁，能协助家人做好家庭保洁工作，能清理各种污渍。

（2）掌握家居收纳整理的技巧。

（3）能对房间进行美化装饰。

任务导图

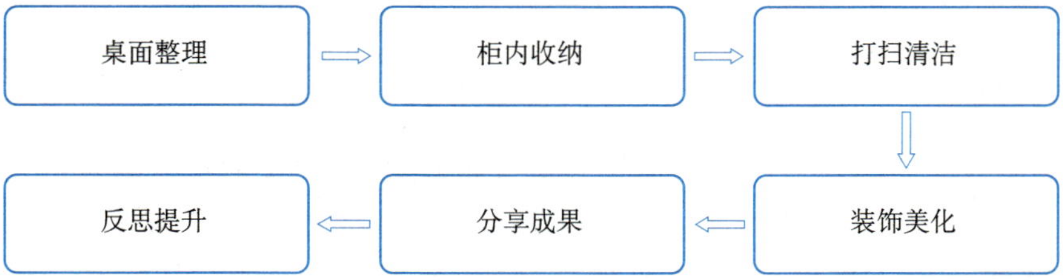

任务准备

一、整理收纳

（一）归类

营造温馨小家

我们先来审视一下自己的生活空间，以自己家庭的卧室或者学校的宿舍为例，找找影响室内整洁的原因，是不是个人物品太多，杂乱无章？个人物品通常包括衣物、电脑、书本、生活小物品等。整理之前我们要做的是把所有的东西都拿出来，对它们进行归类，处理掉用不着的，收起不常用的，留下常用的。

（二）整理

整理物品时，建议按照衣服、书本、文件、小物品的顺序进行，也就是从大到小的顺序进行。在整理大物件的过程中可能会冒出一些小物品，这样可以避免重复劳动。

整理衣物时，建议先把不需要的衣服处理掉（如捐赠给需要的人），腾出一定的空间；需要的衣服按季节分类整理。叠衣服也是有技巧的，图 9-3 为衬衫的叠法。同学们若对其他类型衣服的叠法感兴趣的话，可以通过网络视频进行学习。

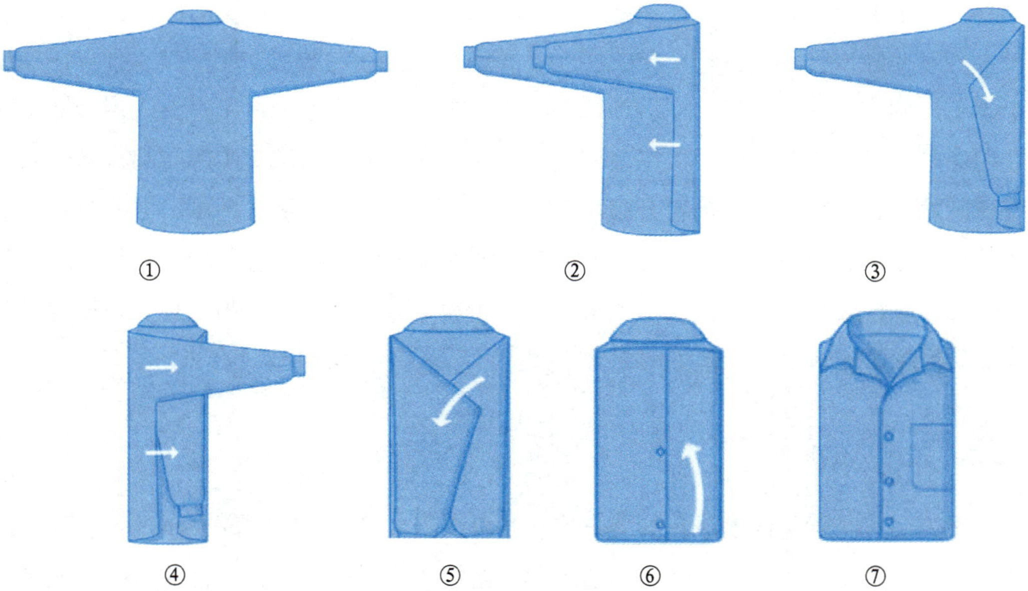

图 9-3 衬衫的叠法

（三）收纳

衣服整理好后，就转入关键的第三步，为决定留下来的衣服找个合适的收纳位置。当季的衣服放在易取放的位置，多买些衣服撑子，尽量把熨烫好的衣物挂起来，这样不会出现皱褶，而且取用时一目了然，不会出现急用时找不着的现象。过季的衣服可以整理放置在顶柜或者地柜等不容易取放的收纳空间里。如果衣柜的储存空间有限，可以购买收纳箱，收纳箱可以堆放起来，充分利用室内上部空间，不影响室内布局。

书桌整理也可以按照常用、不常用和无用进行分类归置，常用的书本和电脑放在书柜的显眼处，书籍排放时要把书脊朝外按从大到小的顺序排列整齐，必要时可用简易的书架收纳书籍。

对于常用的小物品，如针头线脑、家用小工具、女孩的化妆品等，分别准备一个收纳盒将它们进行分类收纳就可以了。

二、打扫清洁

清洁工作最重要的是选择适合自己的工具，工具选对了往往事半功倍。首先要选择合适的抹布，尽量挑选干湿两用、不掉毛、擦拭后不留水迹的。切记，一定要把抹布投洗干净后再使用。如果桌面或墙上有污渍，家里可备一些专用的清洁剂，注意一定要选择对环境无污染的产品。扫地、拖地也是一种体力劳动，最好选择带清洁和挤干功能的平板拖把，推着过一遍，看不见的垃圾和灰尘都一次搞定，很方便的。如果经济允许又比较忙，买个能扫也能吸尘的扫地机器也是个不错的选择。

打扫卫生的频率和方法因人而异，但总的来说，经常性打扫比长时间不打扫而突然来一次大扫除要轻松得多。打扫干净的房间还要悉心保持。要做到方便打扫，日常还应注意几个细节。例如，女生梳理长发，最好每天固定在一个位置梳理；家里的遥控器等小物品最好用保鲜膜包裹，时间长了可以更换保鲜膜，这样可节省擦拭灰尘的时间；平时除了必要的通风换气之外尽量不要把所有窗户都打开，只留一扇窗户换气即可，但刚装修好的房间除外；尽量少使用地毯、毛绒玩具等织物，因为这些织物容易吸灰且不好打理。

把生活变得简单，家就会变得更简洁，有条理、会收拾、会利用工具、会想办法，就能轻轻松松地维持一个干净整洁的家！

三、美化装饰

美化装饰其实就是锦上添花。美化装饰时可根据自己个人空间的大小进行，可以在合适的位置粘贴彰显自己性格或爱好的装饰画，摆放一些小饰品等，一盆绿色植物或一支插花，都能让我们的空间顿时变得充满生机，如图 9-4 所示。

图 9–4　美化装饰

相关链接

家居环境影响心情　　教你轻松整理衣柜

任务实施记录

开展“整洁小家我‘手护’”活动，填写表 9-2。

表 9-2　“整洁小家我‘手护’”——家居整理装饰记录表

<table>
<tr><td>班级</td><td></td><td>实施日期</td><td></td></tr>
<tr><td>姓名</td><td></td><td>学号</td><td></td></tr>
<tr><td>任务要求</td><td colspan="3">对家里的某个房间进行整理、清洁和装饰</td></tr>
<tr><td rowspan="6">任务实施</td><td>劳动目标</td><td colspan="2"></td></tr>
<tr><td>工具准备</td><td colspan="2">（此处包括劳动工具、收纳工具和装饰品）</td></tr>
<tr><td>活动过程（文字和图片）</td><td colspan="2"></td></tr>
<tr><td>成果展示（图片和视频）</td><td colspan="2"></td></tr>
<tr><td>家人评价</td><td colspan="2"></td></tr>
<tr><td>感悟与收获</td><td colspan="2"></td></tr>
<tr><td rowspan="8">任务评价</td><td>评价主体</td><td colspan="2">全体同学</td></tr>
<tr><td>评价方式</td><td colspan="2">利用智慧课堂“学生评分”功能进行线上评分</td></tr>
<tr><td rowspan="5">评价标准</td><td>评价指标</td><td>分值</td></tr>
<tr><td>有个人劳动的过程图片或视频</td><td>50</td></tr>
<tr><td>整理与清洁前后对比效果明显</td><td>20</td></tr>
<tr><td>成品展示需要完成人与房间同框</td><td>20</td></tr>
<tr><td>家人评价要客观真实，最好是视频</td><td>10</td></tr>
<tr><td>得分</td><td colspan="2"></td></tr>
</table>

9.3 宿舍内务勤整理

任务目标

（1）宿舍地面干净整洁，无杂物、污水积存现象。

（2）床上被褥和床单干净整洁、叠放整齐，床铺下鞋子摆放有序，无乱扯乱挂、乱刻乱画现象。

（3）桌面、门窗、玻璃、柜子、灯具等无浮尘污迹，室内墙角无蜘蛛网等现象。

任务导图

任务分工及时间分配 ⇒ 工具准备 ⇒ 各司其职，动手清扫 ⇒ 互评互检，整改提升

任务准备

一、任务分工

从迈进大学校园的第一天起，作为大家每天学习生活的起点和终点，宿舍毫无疑问成了大学生们远离家庭的另一个温馨小家。宿舍卫生很重要，关系着每个室友的健康，宿舍内务是所有成员共同的事，需要大家一起维持和维护。但是部分同学在上大学之前，可能一直住在家里，从来没有独立收拾整理过房间。为维护宿舍整洁，宿舍同学在宿舍长的组织下共同讨论，根据宿舍同学的特点安排合适的工作，制作宿舍卫生分工表（见表 9-3），职责明确，就不会出现推诿扯皮的现象。宿舍卫生分为集中打扫和日常维护，擦拭门窗、整理书架等工作可以每隔一段时间集中做，日常自己负责自己的床铺和桌面的整洁，每天安排一个人扫地拖地就可以了。

表 9-3　宿舍卫生分工一览表（样表）

宿舍长：张 XX　　　　宿舍：______

<table>
<tr><th>责任人</th><th>集中打扫</th><th>值日</th><th>备注</th></tr>
<tr><td>张 XX</td><td>准备劳动工具，督促指导宿舍成员对床铺、书桌进行整理，协助其他同学完成相关任务</td><td>周一</td><td rowspan="4">值日生负责当天宿舍的卫生打扫和保持，包括扫地拖地、督促宿舍其他成员整理个人床铺和书桌等；宿舍长负责检查全体成员的职责履行情况</td></tr>
<tr><td>李 XX</td><td>擦拭门窗玻璃</td><td>周二，周五</td></tr>
<tr><td>王 XX</td><td>洗刷水池和厕所</td><td>周三，周六</td></tr>
<tr><td>刘 XX</td><td>清理杂物，扫地拖地，清洗卫生工具</td><td>周四，周日</td></tr>
</table>

二、工具准备

日常清扫的工具有抹布、笤帚、垃圾斗、拖布、垃圾袋等，这些工具每天都用，无须专门准备。集中清扫时就需要更多的物品了，如清洁剂、清洁球、洁厕灵（或草酸）、掸子等。

三、集中清扫

（一）扔掉垃圾或废品

整理内务的第一步，就是“扔东西”，东西越少越好整理。要定期清理宿舍里无用的塑料袋、纸盒子、旧衣服等物品，这样才能预留出足够的存储空间。

（二）擦拭门窗玻璃

一般由上到下，先看看天花板有无蜘蛛网，风扇或者空调外表及门窗玻璃是否需要擦拭。准备干湿两块抹布、一桶干净的水、洗洁精等，如果玻璃不是特别脏，先用湿抹布擦一遍，然后用干抹布再擦一遍，接着用纸张擦净即可。如果玻璃上有污垢且不好擦除，可以用干布沾上醋进行擦拭，醋可以有效清除尘垢；如果玻璃上有油垢，采用醋和盐混合液洗刷即可。用干净的抹布沾上酒精擦拭玻璃，玻璃会干净明亮。

（三）整理书桌床铺

床上只留被褥和枕头，书本、插排、充电器等物品放在书桌上。被褥叠好后，宿舍成员按照同一方位和顺序摆放。书桌的整理应做到分门别类，书本、化妆品、零食等相对分离，对书本的整理，无论是平放还是竖着摆放，应按照从大到小的顺序进行。所有物品的摆放尽量整齐、紧凑，不要随意散乱地堆放在一起。多余的衣物应放到衣柜中，多余的鞋要么上鞋架，要么放在床底，摆放整齐，头尾方向一致。

（四）摆放

宿舍内杂乱的网线和电源线尽量缚束在一起，做到安全和整齐。卫生间的洗漱用品和毛巾应摆放整齐。

（五）清扫

先扫地，再拖地。用笤帚由里到外进行清扫，不留卫生死角，将清扫后的尘土和垃圾置于垃圾桶内。垃圾清扫干净后，再用拖把拖地，拖地同样应遵守由内到外的原则，边拖边退，等到地面晾干以后再进入。

相关链接

宿舍整理技巧

任务实施记录

整理宿舍内务，并填写表 9-4。

表 9-4　整理宿舍内务——集中清扫记录表

班级		实施日期	
姓名		学号	
任务要求	对宿舍进行彻底清扫和整理		
任务实施	分工表		
	工具准备		
	活动过程（文字和图片）		
	成果展示（图片和视频）		
	舍友互评		
	感悟与收获		
任务评价	评价主体	全体同学	
	评价方式	利用智慧课堂“学生评分”功能进行线上评分	
	评价标准	评价指标	分值
		有个人劳动的过程图片或视频	50
		整理清洁前后对比效果明显	20
		成品展示需要完成人与房间同框	20
		舍友评价要客观真实，最好是视频	10
	得分		

9.4　校园劳动我先行

任务目标

积极了解学校提供的各种公益或勤工助学岗位，根据自己的课余时间选择从事某项定期的劳动服务，在劳动服务过程中锻炼自己的服务意识和劳动能力，培养吃苦耐劳的品质。

任务导图

了解校园岗位需求 ⇒ 进行自我评估，选择合适的岗位 ⇒ 申请岗位并坚持完成岗位任务 ⇒ 自我总结和提升

任务准备

一、了解校园岗位需求

虽然现在的大学校园保洁、餐厅等基础性服务都实现了社会化，但还是有很多工作是需要学生积极参与协助完成的。例如，做老师的小助手、参与学生的日常管理、课后清扫和整理教室、餐厅文明值勤、团委学生会值班等。也有一些勤工助学的岗位，如图书管理员助理、教学楼管理员助理、餐厅服务员、超市收银员等，同学们可以通过勤工助学中心申请相应岗位。

二、岗位选择

大学生在学校的主要职责是学习，做勤工助学的前提是不能耽误学习。在申请劳动岗位时要注意以下几点：一是要充分考虑自己的时间，利用学习之余的时间开展劳动；二是要充分考虑自己的成长需求，是为了自食其力，还是为了锻炼和提高自己的某项能力；三是要考虑自己与岗位的匹配度，如果工作岗位和自己的个性比较契合，则可以充分体验劳动带来的乐趣。

三、躬身实践

申请到合适的工作岗位后，就要充分了解岗位所需要的知识和技能。例如，你的岗位职责是帮助学报编辑审稿，就需要具有一定的文字功底；你的岗位职责是帮助老师处理日常办公相关工作，就要掌握办公室软件的相关知识等。另外，一份工作往往是重复而单调

的，但我们一定要学会坚持，把简单的事情做好就是不简单。

四、总结提升

作为一名大学生，对自己的人生应该有规划。我们付出劳动，也要收获成长，要善于在劳动中总结，在总结中提升，为自己后续的学习和工作奠定基础。

相关链接

教学楼护楼员的一天　　最美校园志愿者

任务实施记录

实施校园劳动我先行任务，并填写表 9-5。

表 9-5　校园劳动我先行任务实施记录表

<table>
<tr><td>班级</td><td></td><td colspan="2">实施日期</td></tr>
<tr><td>姓名</td><td></td><td colspan="2">学号</td></tr>
<tr><td>任务要求</td><td colspan="3">记录一项不少于 1 个小时的校园劳动</td></tr>
<tr><td rowspan="4">任务实施</td><td>活动内容及要求</td><td colspan="2">（文字和图片）</td></tr>
<tr><td>活动过程</td><td colspan="2">（图片和视频）</td></tr>
<tr><td>老师（雇主）评价</td><td colspan="2"></td></tr>
<tr><td>感悟与收获</td><td colspan="2"></td></tr>
<tr><td rowspan="8">任务评价</td><td>评价主体</td><td colspan="2">全体同学</td></tr>
<tr><td>评价方式</td><td colspan="2">利用智慧课堂“学生评分”功能进行线上评分</td></tr>
<tr><td rowspan="5">评价标准</td><td>评价指标</td><td>分值</td></tr>
<tr><td>劳动过程记录翔实，有图片或视频</td><td>50</td></tr>
<tr><td>劳动感悟有真情实感</td><td>30</td></tr>
<tr><td>此项劳动具有连续性</td><td>10</td></tr>
<tr><td>教师评价要客观真实，
最好是视频</td><td>10</td></tr>
<tr><td>得分</td><td></td><td></td></tr>
</table>

专题 10　勤学苦练圆我工匠梦——职业技能

实践目标

（1）能运用专业知识和技能解决生活中的问题。

（2）掌握职场必备技能，提高职业素养。

（3）掌握短片制作、安全急救等特殊技能。

（4）锻炼创新思维，完成创新创业项目方案策划。

思维导图

- 勤学苦练圆我工匠梦——职业技能
  - 视频短片制作达人
  - 练就职场必备技能
  - 安全急救义不容辞
  - 专业技能初试锋芒
  - 创新创业追逐梦想

专题导读

高等院校要实现培养具有创新精神、创业能力和可持续发展能力的应用性专门人才的目标，一方面要使学生拥有从事某项工作的理论知识和实践能力；另一方面要使其具有良好的职业素质和从事某方面工作所需的熟练技能。其中，从事某方面工作的熟练技能，即职业岗位技能，属于专业技能，而职业素质则是属于通用技能。通用技能水平的高低在某种程度上也决定着一个人实际工作能力水平的高低，它与专业技能互为补充，形成一个人的实际工作能力。可以这么说，一个专业技能和通用技能水平都很高的人，他的整体工作能力一定是强的。因此，一名优秀的大学生，除了掌握扎实的专业技能，更要不断地加强自己通用技能的培养，增强自身的择业、就业能力。

职业技能的提升主要分为两种途径，一是通过专业实践课程开展学习和训练，积极参加职业技能大赛，学习创新创业课程，参加 SYB 培训，并积极参加创新创业实践和大赛等；二是通过第二、第三课堂，自主学习沟通技巧、文本制作、社交礼仪、短片制作、安全急救等相关知识并付诸实践，提高综合职业素养。

10.1　视频短片制作达人

任务目标

能熟练使用抖音等软件进行微视频制作，并掌握简单的视频剪辑操作，如添加字幕、滤镜效果、动画、配乐、转场等。

任务导图

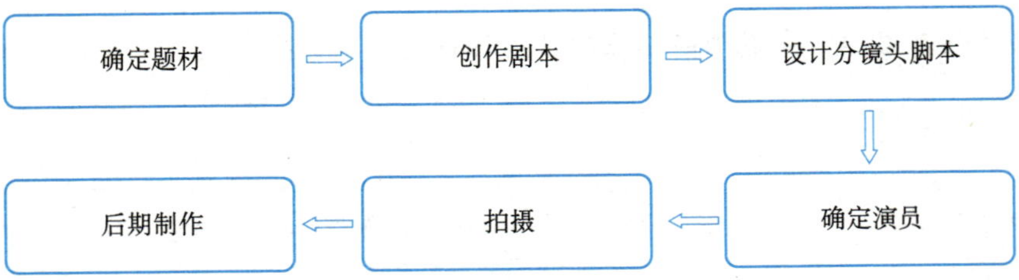

任务准备

一、确定题材

一部好的微电影、微视频，离不开一部好的剧本。在撰写剧本之前，首先要对微视频的题材进行明确定位，即通过视频要明确宣传什么、提倡什么、弘扬什么等。在明确主题的情况下，选择的题材最好能很好地诠释主题，事件不宜太复杂，最好是可以通过 3 ～ 5 分钟的视频就能层次分明地表达清楚；如果需要多个故事，可以拍摄成几个片段，每个片段有一个相对独立的故事。

二、剧本的策划和创作

由于视频时长限制，剧本内容不能太多，难度不宜太大，语言表达要做到言简意赅。可以根据创作思路撰写初稿，再由具有文字功底的老师或同学帮忙修改。

三、分镜头脚本设计

脚本又称摄制工作台本，也是将文字转换成立体视听形象的中间媒介，主要任务是根据解说词和电视文学脚本设计相应画面，配置音乐音响，以确定作品的节奏和风格等。分镜头脚本的作用主要表现在：一是前期拍摄的脚本；二是后期制作的依据；三是视频长度和制作经费预算的参考。

四、确定演员

演员是决定微视频能否顺利拍摄和微视频质量高低的关键所在。同学们拍摄视频通常会选身边人作演员，虽然对演技不做苛刻要求，但演员对角色的理解和能够自然表现仍然是非常重要的。

五、拍摄

拍摄日常学习和生活中的微视频，不必要求具备专业的摄影设备，一部手机就可以。使用手机在手持拍摄过程中最重要的是保持手机稳定。抖动的视频不利于观看，现在很多品牌的手机都有防抖功能，拍摄时建议打开防抖功能即可。同时在拍摄时也应尽量保持手机稳定，特别是在拍摄特写或者横移镜头时。简单的方法就是双手和身体夹紧并稳定呼吸，三脚架也应做好固定。无论是视频拍摄还是照片拍摄，环境光线是重要的因素，在室内或者光照环境比较复杂的情况下应注意光线的方向。在逆光拍摄主体时拍摄的画面会比较暗，应将拍摄主体面向光源的方向。如果光线比较暗，可以调整曝光度“EV”选项来提高画面亮度，或者打开手机的闪光灯增加亮度，再或使用一些简单的灯光设备。

六、后期制作

后期制作包括视频的剪辑、特效带入，添加音效、字幕、配音等。同学们可选择合适的视频编辑 APP 进行常规性后期制作。

相关链接

怎样制作视频短片

任务实施记录

进行视频短片拍摄及制作，并填写表 10-1。

表 10-1　视频短片制作达人——微视频制作记录表

<table>
<tr><td>班级</td><td></td><td>实施日期</td><td></td></tr>
<tr><td>姓名</td><td></td><td>学号</td><td></td></tr>
<tr><td>任务要求</td><td colspan="3">制作一个能表达一定主题、时长为 3～5 分钟，且能弘扬正能量的视频短片</td></tr>
<tr><td rowspan="5">任务实施</td><td>剧本简介</td><td colspan="2">（想要表达的思想）</td></tr>
<tr><td>拍摄准备</td><td colspan="2">（包括所需的拍摄设备、所用的剪辑软件、出镜演员的挑选及网络素材的来源）</td></tr>
<tr><td>制作过程记录</td><td colspan="2"></td></tr>
<tr><td>成果展示</td><td colspan="2">（成品视频）</td></tr>
<tr><td>感悟与收获</td><td colspan="2"></td></tr>
<tr><td rowspan="9">任务评价</td><td>评价主体</td><td colspan="2">全体同学</td></tr>
<tr><td>评价方式</td><td colspan="2">利用智慧课堂“学生评分”功能进行线上评分</td></tr>
<tr><td rowspan="6">评价标准</td><td>评价指标</td><td>分值</td></tr>
<tr><td>视频题材符合主题要求</td><td>20</td></tr>
<tr><td>视频中演员的语言清晰、普通话标准</td><td>30</td></tr>
<tr><td>拍摄画面清晰、美观</td><td>20</td></tr>
<tr><td>情节设计合理，作品有一定创意</td><td>20</td></tr>
<tr><td>添加字幕、有滤镜效果、配乐、转场等</td><td>10</td></tr>
<tr><td>得分</td><td colspan="2"></td></tr>
</table>

10.2　练就职场必备技能

任务目标

自主命题撰写一篇演讲稿，并利用办公软件制作成 PPT，在全班同学面前进行 5 分钟以上的演讲。

任务导图

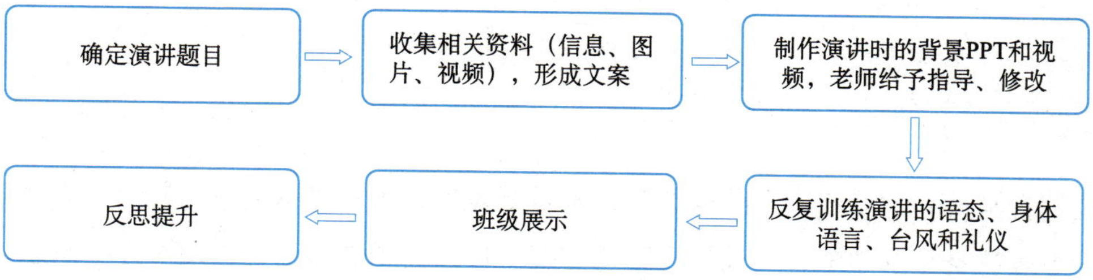

任务准备

一、确定演讲题目

演讲的题目是一篇演讲稿的有机组成部分，它与演讲的内容、风格、语调有直接关系。题目决定内容，内容应鲜明地表现题目。一个新颖、生动、恰当而富有吸引力的题目具有以下四个作用。

（1）概括性，题目应能将演讲的主题、内容、目的全面地反映出来。

（2）指向性，题目一经公开，听众就应清晰演讲者演讲的内容方向，如是有关成长的、学习的还是道德层面的。

（3）积极性，即要选择那些光明、美好、有建设性的题目，使听众受到鼓舞或启发，传递正能量。

（4）适应性，既要适应演讲者自己的身份，又要适应听众的实际。

二、演讲素材的收集和选择

（一）演讲素材的收集

演讲素材的收集对演讲的成功起着极其重要的作用。素材的收集一般有两个途径，一是源自生活，这类素材叫作直接素材。直接素材体现了我们对生活的关注，平时看到的、耳朵听到的、心里想到的，经过分析理解，都可以转变成演讲的素材。二是源自多种媒体，包括书本、网络等，这就要求我们在平时要多读书多学习，需要用时就会信手拈来。

（二）演讲素材的选择

在多媒体时代，我们可以通过多种途径获得非常丰富的素材资源。但是，我们不能搞“拿来主义”，随意堆积就会冲淡主题。那么，应该如何选择素材呢？一是选择对主题具有有力支持作用的素材，不能单独看素材本身的内容如何，而应看素材对主题的作用，能够支撑主题的留下，否则就丢弃；二是选取有代表性的素材，即选择比较典型的能说明问题的素材；三是选择真实、准确的素材，所选择的素材既不能是虚假编造的，也不能是偶然出现、不可复制的特例事件；四是选择生动、新颖的素材，这样才能吸引注意力，打动听众。

三、语言表达能力训练

我们在与他人的交流中，既需要听，也需要表达。语言表达是一门艺术，表述时，一是能清楚表达自己的想法，二是能说服对方接受自己的想法，三是即便对方不同意，也不会产生反感，这就达到了沟通的效果。在我们身边，有些同学表达时缺乏技巧，导致同学间产生误解和隔阂；师生之间表达不畅通，学生得不到应有的指导，老师也难以收到良好的反馈；亲子之间缺乏有效的表达，可能导致亲子关系紧张。由此可以看出，良好有效的表达在我们的学习生活中是非常重要的。同学们应该通过演讲等多种途径锻炼自己的语言表达能力，提高沟通技巧。

四、职场礼仪

职场礼仪，是指人们在职业场所中应当遵循的一系列礼仪规范。我国历史悠久，享有“礼仪之邦”的美誉，荀子曰“人无礼则不立，事无礼则不成，国家无礼则不宁”。可见礼仪对于人们有着非常重要的作用，了解、掌握并恰当地应用职场礼仪有助于完善和维护职场人的职业形象，使其在工作中得心应手，在事业上蒸蒸日上，成为一名成功的职业人。

每个人可根据自己的工作性质和社交范围，掌握相关礼仪知识。例如，着装礼仪、餐桌礼仪、宴会礼仪等。掌握礼仪知识可以使人在社会交往时知道应该怎么做，变得从容而自信；按照职场礼仪的要求去做，可以使对方获得被尊重的满足，由此达到人与人之间关系的和谐，为建立良好的人脉关系打下坚实的基础。

还有很多在职场中很有用的技能，包括办公软件的操作等，同学们可以根据个人需要自主进行学习和训练。

相关链接

演讲注意事项

任务实施记录

进行任务实施，填写表 10-2。

表 10-2　练就职场必备技能——自命题演讲记录表

<table>
<tr><td>班级</td><td></td><td colspan="2">实施日期</td><td></td></tr>
<tr><td>姓名</td><td></td><td colspan="2">学号</td><td></td></tr>
<tr><td>任务要求</td><td colspan="4">主题鲜明，积极向上</td></tr>
<tr><td rowspan="4">任务实施</td><td>演讲题目</td><td colspan="3"></td></tr>
<tr><td>前期准备</td><td colspan="3">（讲稿、PPT、背景视频等相关素材）</td></tr>
<tr><td>现场记录</td><td colspan="3">（图片、视频）</td></tr>
<tr><td>感悟与收获</td><td colspan="3"></td></tr>
<tr><td rowspan="8">任务评价</td><td>评价主体</td><td colspan="3">全体同学</td></tr>
<tr><td>评价方式</td><td colspan="3">利用智慧课堂“学生评分”功能进行线上评分</td></tr>
<tr><td rowspan="5">评价标准</td><td>评价指标</td><td colspan="2">分值</td></tr>
<tr><td>演讲稿主题明确，语言表达准确</td><td colspan="2">30</td></tr>
<tr><td>PPT 制作精美，演讲者与 PPT 演示能完美配合</td><td colspan="2">30</td></tr>
<tr><td>演讲人脱稿演讲且语言流畅</td><td colspan="2">30</td></tr>
<tr><td>视频画面及声音清晰</td><td colspan="2">10</td></tr>
<tr><td>得分</td><td colspan="3"></td></tr>
</table>

10.3 安全急救义不容辞

任务目标

（1）掌握生活安全技能。

（2）会使用灭火器、灭火栓等基本消防设施。

（3）掌握日常急救技能。

任务导图

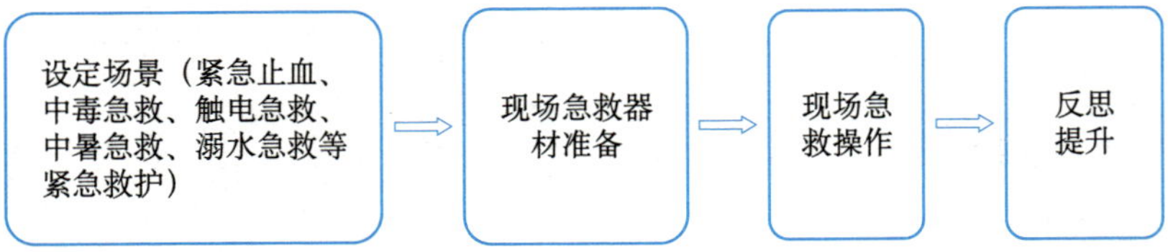

任务准备

一、灭火器的分类及使用方法

常用的灭火器主要有干粉储压式灭火器、二氧化碳灭火器、泡沫灭火器和 1211 灭火器等。

（一）干粉储压式灭火器

干粉储压式灭火器（手提式）以氮气为动力，将筒体内干粉压出。该类型灭火器适用于扑救石油产品、油漆、有机溶剂等火灾。它能抑制燃烧的连锁反应而灭火，适用于扑灭液体、气体、电气火灾（干粉具有 5 万伏以上的电绝缘性能），有的还能扑救固体火灾。干粉储压式灭火器不能扑救轻金属燃烧的火灾。

使用时先拔掉保险销（有的是拉起拉环），再按下压把，干粉即可喷出。灭火时要接近火焰喷射；干粉喷射时间短，喷射前要选择好喷射目标，由于干粉容易飘散，不宜逆风喷射。注意保养灭火器，要放在好取、干燥、通风处。

（二）二氧化碳灭火器

二氧化碳灭火器是以高压气瓶内储存的二氧化碳气体作为灭火剂进行灭火的，二氧化碳灭火后不留痕迹，适用于扑救贵重仪器设备、档案资料等火灾；它不导电，也适用于扑救带电的低压电器设备和油类火灾；但不可用它扑救钾、钠、镁、铝等物质火灾。

二氧化碳灭火器射程较近，应接近着火点，在上风处喷射。对二氧化碳灭火器要定期检查，重量少于 5% 时，应及时充气和更换二氧化碳。

（三）泡沫灭火器

泡沫灭火器的灭火物质主要是化学泡沫，泡沫能覆盖在燃烧物的表面，防止空气进入。它最适用于扑救液体火灾，不能扑救水溶性可燃、易燃液体（如醇、酯、醚、酮等物质）火灾和电器火灾。使用时先用手指堵住喷嘴将筒体上下颠倒两次，松开手指就有泡沫喷出。对于油类火灾，不能对着油面中心喷射，以防着火的油品溅出，顺着火源根部的周围向上侧喷射，逐渐覆盖油面，将火扑灭。使用时不可将筒底筒盖对着人体，以防发生危险。

（四）1211 灭火器

1211 灭火器的灭火介质是一种高效灭火剂。灭火时不污染物品，不留痕迹，特别适用于扑救精密仪器、电子设备、文物档案资料等火灾。它的灭火原理也是抑制燃烧的连锁反应，也适用于扑救油类火灾。

使用时要首先拔掉保险销，然后握紧压把开关，即有药剂喷出。使用时灭火筒筒身要垂直，不可平放和颠倒使用。它的射程较近，喷射时要站在上风处，接近着火点，对着火源根部扫射。

二、紧急止血

（一）出血种类

动脉血的颜色鲜红，随心跳自伤口喷出；静脉血的颜色暗红；微血管出血是由伤口渗出，常能自然止血。

（二）直接加压止血法

使用无菌纱布或干净敷料（如手帕、毛巾、清洁餐巾或床单等）直接覆盖后，再用手掌根、三角巾、纱布绷带、弹性绷带，或任何现场可取得、宽度适当、长条形包扎布条（领带、长袖子、裤管、撕下之布条等），施予均匀压力将伤口缠绕。在包扎之前后须评估患肢末梢的感觉、肤色、温度、运动等，以免包扎过紧阻断血液循环，而使患肢末梢肢端受到伤害。覆盖在伤口上的敷料如有血液渗出，不要除去敷料，可再加敷料并继续施压；同时一旦用上绷带，不要去除绷带或敷料（除非有专业之指示），如果绷带被拉扯，可能会再度出血。

三、紧急救护

（一）紧急救护程序

同学们应该了解紧急救护的程序，具体如下：

（1）根据伤情决定是否拨打 120。

（2）迅速将伤者移至就近安全的地方。

（3）在 120 到来之前，对伤者进行力所能及的救护。

（二）心肺复苏

当伤者因落水、触电等导致呼吸和心跳停止时，要在最短时间内对其进行心肺复苏。如果条件允许，每个学生都应该学习心肺复苏的方法。心肺复苏操作具体步骤如下：

（1）判断伤者的意识。

（2）检查伤者呼吸。

（3）拨打急救电话，准备急救物品。

（4）松解伤者的衣领及裤带，并将伤者平放在硬板床或平地上。

（5）胸外心脏按压，部位为两乳头连线正中胸骨中下 1/3 处，频率为 100 ～ 120 次 / 分，深度为 5 ～ 6cm。

（6）用仰头抬颌法开放气道，清除伤者口腔内的异物和假牙。

（7）人工呼吸，即施救者一手捏闭伤者鼻孔，深吸一口气迅速向伤者口中吹气。

（8）持续 2 分钟心肺复苏，以心脏按压和人工呼吸比例为 30 ∶ 2 进行操作。

（9）判断心肺复苏法对伤者是否有效。

（10）护理伤者，进一步提供生命支持，直至专业救援人员到来。

相关链接

绷带“8”字包扎　　急救技能之心肺复苏　　急救技能之 AED 使用方法

任务实施记录

开展急救演练，填写表 10-3。

续表

表 10-3 安全急救义不容辞——急救演练记录表

<table>
<tr><td>班级</td><td></td><td>实施日期</td><td></td></tr>
<tr><td>姓名</td><td></td><td>学号</td><td></td></tr>
<tr><td>任务要求</td><td colspan="3">创设一个场景，能使用到灭火器、紧急止血法或心肺复苏法其中的两种技能</td></tr>
<tr><td rowspan="4">任务实施</td><td>场景描述</td><td colspan="2"></td></tr>
<tr><td>工具和人员准备</td><td colspan="2">（包括急救工具等）</td></tr>
<tr><td>活动过程</td><td colspan="2">（文字、图片和视频）</td></tr>
<tr><td>感悟与收获</td><td colspan="2"></td></tr>
<tr><td rowspan="8">任务评价</td><td>评价主体</td><td colspan="2">全体同学</td></tr>
<tr><td>评价方式</td><td colspan="2">利用智慧课堂“学生评分”功能进行线上评分</td></tr>
<tr><td rowspan="5">评价标准</td><td>评价指标</td><td>分值</td></tr>
<tr><td>场景描述合理</td><td>30</td></tr>
<tr><td>救助者是学生本人</td><td>20</td></tr>
<tr><td>救助过程规范</td><td>20</td></tr>
<tr><td>急救视频清晰完整</td><td>30</td></tr>
<tr><td>得分</td><td colspan="2"></td></tr>
</table>

10.4 专业技能初试锋芒

任务目标

（1）能独立完成一节专业实训课的实训内容。

（2）考取至少一个职业技能证书。

（3）参加一项专业技能大赛。

任务导图

从3个任务目标中挑选一个作为展示内容 ⇒ 记录工作、学习过程 ⇒ 展示实训、取证或大赛结果 ⇒ 总结提升

任务准备

一、上好校内实训课

实训是对学生的单项能力和综合技术应用能力进行的训练，包括课内练习、专项实训、课程设计等，也包括职业岗位实践训练，是应用性实践教学。通过各种实训，可以使学生掌握从事专业领域实际工作的基本操作技能和基本技术应用能力。高职院校各专业的培养方案中，除了有一定比例的理论课，还会安排有大量的实训环节，甚至提出了“学校像工厂、教室像车间”的职业教育理念。各专业的实操模拟及与企业共同开发出来的理实一体化的课程比重逐渐加大，使得同学们在学校既能学到理论知识，又能提高动手操作能力。同学们要充分利用学校的资源，积极参与校内实训，手脑并用，锻炼并提高自己的专业基本功。

二、取得职业资格证书

职业资格证书有很多种，有劳动部门的证书，如人力资源管理师、营养师、心理咨询师、建造师、经济师、注册建筑师等；还有各行业认可的相关证书，如旅游部门颁发的导游资格证书、财政部门颁发的会计从业资格证书等。同学们可以根据学校的要求和专业实际报考对自己未来就业有帮助的职业资格证书。

三、技能大赛展风采

除了上好学校的相关课程、取得相应职业资格证书外，同学们在校期间还要积极参加各级各类的职业技能大赛。职业技能大赛是依据国家职业技能标准，结合生产和工作实际开展的以突出操作技能和解决实际问题能力为重点的、有组织的竞赛活动。

目前，含金量比较高的技能大赛是“中华人民共和国职业技能大赛”，除此之外大家还可以根据自己的特长与爱好选择参与“创新创业大赛”等比赛及各种行业大赛。

相关链接

采访国赛一等奖获得者

任务实施记录

认真做好专业技能证书备考，填写表 10-4。

表 10-4　专业技能初试锋芒——专业技能证书备考记录表

<table>
<tr><td>班级</td><td></td><td>实施日期</td><td></td></tr>
<tr><td>姓名</td><td></td><td>学号</td><td></td></tr>
<tr><td>任务要求</td><td colspan="3">取得 XX 技能证书</td></tr>
<tr><td rowspan="5">任务实施</td><td>理论准备</td><td colspan="2"></td></tr>
<tr><td>实操记录</td><td colspan="2"></td></tr>
<tr><td>考证过程记录</td><td colspan="2">（语言描述）</td></tr>
<tr><td>老师评价</td><td colspan="2"></td></tr>
<tr><td>感悟与收获</td><td colspan="2"></td></tr>
<tr><td rowspan="7">任务评价</td><td>评价主体</td><td colspan="2">全体同学</td></tr>
<tr><td>评价方式</td><td colspan="2">利用智慧课堂“学生评分”功能进行线上评分</td></tr>
<tr><td rowspan="4">评价标准</td><td>评价指标</td><td>分值</td></tr>
<tr><td>取得技能证书</td><td>50</td></tr>
<tr><td>实操训练记录真实、清晰</td><td>30</td></tr>
<tr><td>教师评价客观真实，最好是视频</td><td>20</td></tr>
<tr><td>得分</td><td colspan="2"></td></tr>
</table>

做好专业实训，并填写表 10-5。

表 10-5　专业技能初试锋芒——专业实训记录表

<table>
<tr><td>班级</td><td></td><td>实施日期</td><td></td></tr>
<tr><td>姓名</td><td></td><td>学号</td><td></td></tr>
<tr><td>任务要求</td><td colspan="3">在小组成员的配合下完成一项专业实训任务</td></tr>
<tr><td rowspan="6">任务实施</td><td>实训目标</td><td colspan="2">1.
2.</td></tr>
<tr><td>实训器材的准备</td><td colspan="2"></td></tr>
<tr><td>操作过程记录</td><td colspan="2"></td></tr>
<tr><td>目标完成情况</td><td colspan="2">（图片和视频）</td></tr>
<tr><td>老师评价</td><td colspan="2"></td></tr>
<tr><td>感悟与收获</td><td colspan="2"></td></tr>
<tr><td rowspan="8">任务评价</td><td>评价主体</td><td colspan="2">全体同学</td></tr>
<tr><td>评价方式</td><td colspan="2">利用智慧课堂“学生评分”功能进行线上评分</td></tr>
<tr><td rowspan="5">评价标准</td><td>评价指标</td><td>分值</td></tr>
<tr><td>完成了实训任务情况</td><td>30</td></tr>
<tr><td>记录应突出了个人实操过程</td><td>30</td></tr>
<tr><td>实操训练记录的图片或视频要真实、清晰</td><td>30</td></tr>
<tr><td>教师评价客观真实，最好是视频</td><td>10</td></tr>
<tr><td>得分</td><td colspan="2"></td></tr>
</table>

参加技能大赛，并填写表 10-6。

表 10-6　专业技能初试锋芒——技能大赛参赛记录表

<table>
<tr><td>班级</td><td></td><td>实施日期</td><td></td></tr>
<tr><td>姓名</td><td></td><td>学号</td><td></td></tr>
<tr><td>任务要求</td><td colspan="3">参加校级以上专业技能大赛</td></tr>
<tr><td rowspan="6">任务实施</td><td>大赛背景</td><td colspan="2">（赛项的级别、参赛人员等）</td></tr>
<tr><td>备赛记录</td><td colspan="2">（图片和视频）</td></tr>
<tr><td>参赛过程</td><td colspan="2">（可以用文字描述）</td></tr>
<tr><td>大赛结果</td><td colspan="2">获奖证书的展示</td></tr>
<tr><td>老师和团队成员评价</td><td colspan="2"></td></tr>
<tr><td>感悟与收获</td><td colspan="2"></td></tr>
<tr><td rowspan="8">任务评价</td><td>评价主体</td><td colspan="2">全体同学</td></tr>
<tr><td>评价方式</td><td colspan="2">利用智慧课堂“学生评分”功能进行线上评分</td></tr>
<tr><td rowspan="5">评价标准</td><td>评价指标</td><td>分值</td></tr>
<tr><td>完成了大赛任务情况</td><td>30</td></tr>
<tr><td>记录应突出个人操作过程</td><td>30</td></tr>
<tr><td>记录大赛的图片或视频要真实、清晰</td><td>30</td></tr>
<tr><td>教师评价客观真实，最好是视频</td><td>10</td></tr>
<tr><td>得分</td><td colspan="2"></td></tr>
</table>

10.5 创新创业追逐梦想

任务目标

（1）有创新创业想法并能付诸行动。

（2）完成一份高质量的创新创业计划书。

（3）参加各级各类创新创业大赛。

任务导图

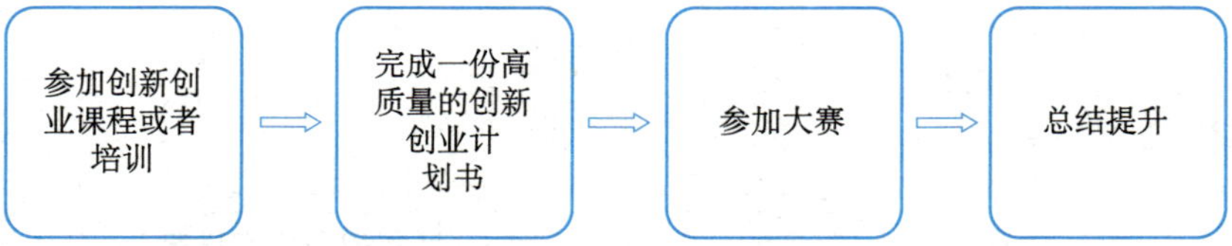

任务准备

一、创新

创新是指以基于现有的思维模式提出有别于常规或常人思路的见解为导向，利用所学的专业知识和现有物质条件，在特定的环境中，本着理想化需要或为满足社会需求而改进或创造新的事物、方法、元素、路径、环境，并能获得一定有益效果的行为。

二、创业

创业是指充分利用自己或他人的知识、技术、资源等，通过市场运作，获取较高收益的行为或过程。“创”是一个动态过程，要求创业者不断努力，持之以恒，其中的过程可能是失败到成功或多次失败到成功；“业”是一个结果，是创业者通过努力的最终成果。

三、创业计划书

创业计划书是科学描述团队或个人进行创业的过程的文书，可根据学校或大赛要求的格式进行设计。

四、创新创业大赛

参加创新创业大赛，要求参赛者组成优势互补的竞赛小组，提出一个具有市场前景的产品或服务，围绕这一产品或服务，完成一份完整、具体、深入的创业计划书，以描述公司的创业机会，阐述创立公司、把握这一机会的进程，说明所需要的资源，揭示风险和预期回报，并提出行动建议。创业计划书聚焦于特定的策略、目标、计划和行动，对于一个没有技术背景但有兴趣的人士应清晰易懂。创业计划书可能的读者包括希望吸纳进入团队的对象、可能的合作人、合作伙伴、供应商、顾客、政策机构。

相关链接

大学生创业——泡乐多　　大学生创业——时光画社　　大学生创业——淘劲科技

任务实施记录

参与创新创业大赛，填写表 10-7。

表 10-7　创新创业追逐梦想——创新创业大赛记录表

班级		实施日期	
姓名		学号	
任务要求	撰写一份创新创业计划书，参加创新创业大赛		
任务实施	创新思想来源		
	团队组建		
	计划书		
	大赛现场展示	（图片和视频）	
	大赛结果		
	感悟与收获		
任务评价	评价主体	全体同学	
	评价方式	利用智慧课堂“学生评分”功能进行线上评分	
	评价标准	评价指标	分值
		有计划书且计划书体系完整	60
		参加大赛，有大赛过程记录	20
		大赛获奖	20
	得分		

专题 11 躬身实践奉献社会——社会技能

实践目标

（1）培养服务社会、奉献社会的主人翁精神。

（2）运用所学知识服务社会。

（3）在实践中锻炼和提升与人交往的能力。

思维导图

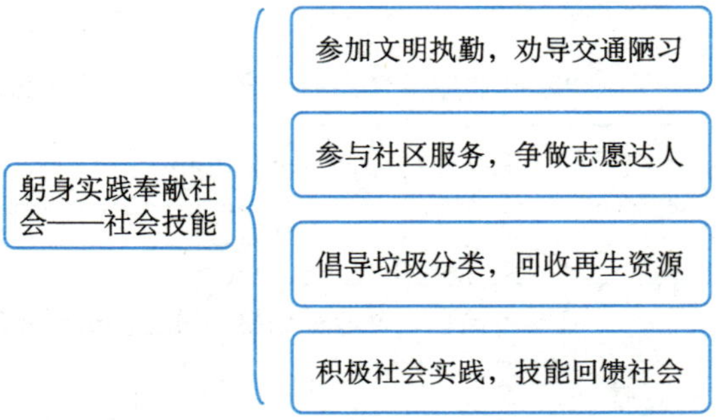

专题导读

社会实践是大学生的一门必修课，同学们在实践中抛洒汗水、奉献社会，在实践中积得经验、收获成长。本专题主要内容分为两方面。一是公益性的社会服务，包括文明执勤和垃圾分类，同学们也可根据实际情况开展山区支教、环保宣传、义务植树等更加丰富的活动。参加社会公益活动，旨在让同学们走出校园、了解社会，培养社会责任感，树立正确的人生观和价值观。二是专业技能实践服务，包括专业实践和社区服务等，同学们可以根据自己的专业特长自由开展技能服务项目进行实践锻炼。

11.1 参加文明执勤，劝导交通陋习

任务目标

（1）了解交通知识，学会与他人进行沟通和交流。

（2）增强正义感，懂得以合理的方式提醒并制止他人的错误行为。

（3）深化职业无贵贱、尊重劳动者的意识，体会交警等一线劳动者的艰辛。

（4）维护城市交通顺畅，提升自我劳动成就感。

任务导图

负责人确认活动时间、地点和人数 ⇒ 参加培训，学习交通值勤的相关知识和要求 ⇒ 按要求在各自指定地点进行交通辅助管理 ⇒ 小组成员进行组内交流，进行自我总结，提出合理建议

任务准备

一、文明交通志愿者岗位主要职责

（1）协助交通执勤民警和协管员宣传交通文明。

（2）劝阻交通违法行为，维护道路交通秩序，主要是对行人过斑马线时遇红灯站在路边或斑马线上等候、不走人行横道、闯红灯，非机动车遇红灯超越停车线，以及骑行人员在人行道上骑行等交通违法行为进行劝阻、纠正。

（3）积极为老、幼、残、孕等需要帮助的行人提供服务。

二、文明交通志愿者执勤规范

（一）形象规范

志愿者着装应保持整洁，举止端庄，精神饱满，按规定戴志愿者帽、着志愿者马甲，手持小旗帜。

（二）站位手势规范

对非机动车进行管理应做到：当遇红灯停车时，应以立正姿势站在非机动车停车线旁的人行道上，面向停止的非机动车，手臂前平举执旗，绿灯亮起时，手臂侧平举以示通行。

（三）对行人进行管理时的要求

当遇红灯时，应以立正姿势站在人行道一侧，面向等候通行的行人，手臂前平举执旗；绿灯亮起时，手臂侧平举以示通行。在道路上开展宣传活动时，应在人行道上进行，不可进入机动车道、非机动车道，以免影响车辆通行。向交通参与者散发宣传资料时，应以对方自愿接受为原则，同时要注意针对不同对象采用不同的方式和方法。

（四）语言规范、使用普通话和统一宣传用语

（1）当非机动车遇红灯超越停车线时，请讲：“同志，为了不影响行人的正常通行，

请您退到停车线后，谢谢！”

（2）当非机动车在人行道上骑行时，请讲：“同志，人行道上是不能骑车的，为了行人的安全，请您下车推行，谢谢！”

（3）当行人遇红灯站在路边或人行横道线上等候时，请讲：“同志，为了您的安全，请您退到安全等待区，谢谢！”

（4）当行人遇红灯横穿马路时，请讲：“同志，现在是红灯，请不要横穿马路，谢谢！”

（5）当行人过马路未走人行横道线时，请讲：“同志，请走人行横道线，谢谢！”

相关链接

文明交通，你我同行

任务实施记录

参与交通执勤，填写表 11-1。

表 11-1　参加文明执勤，劝导交通陋习——交通执勤记录表

<table>
<tr><th>小组成员</th><th></th><th>组长</th><th></th></tr>
<tr><td>活动宗旨</td><td></td><td>实施日期</td><td></td></tr>
<tr><td>任务要求</td><td colspan="3">执勤内容明确，效果明显</td></tr>
<tr><td rowspan="5">任务实施</td><td>任务来源</td><td colspan="2"></td></tr>
<tr><td>岗位职责</td><td colspan="2">（包括本次执勤的主要任务和职责）</td></tr>
<tr><td>过程记录</td><td colspan="2">（文字和图片）</td></tr>
<tr><td>小组交流</td><td colspan="2"></td></tr>
<tr><td>感悟与收获</td><td colspan="2"></td></tr>
<tr><td rowspan="7">任务评价</td><td>评价主体</td><td colspan="2">全体同学</td></tr>
<tr><td>评价方式</td><td colspan="2">利用智慧课堂“学生评分”功能进行线上评分</td></tr>
<tr><td rowspan="4">评价标准</td><td>评价指标</td><td>分值</td></tr>
<tr><td>任务明确，执行规范</td><td>50</td></tr>
<tr><td>有相关的图片和视频记录</td><td>30</td></tr>
<tr><td>小组交流要客观真实，内容切合实际</td><td>20</td></tr>
<tr><td>得分</td><td colspan="2"></td></tr>
</table>

11.2　参与社区服务，争做志愿达人

任务目标

（1）走入社区，增进对社会的了解与认识，理解个体与社会的关系。

（2）了解社区服务的相关流程，端正服务态度，认真完成服务内容。

（3）根据自己的专业特长，和同学们一起为社区提供力所能及的服务。

任务导图

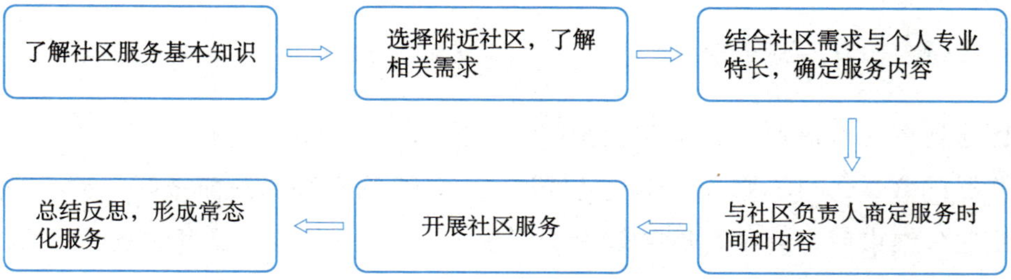

任务准备

一、了解需求

通过当地的志愿服务平台或者社区志愿服务工作站，了解和掌握社区群众志愿服务需求。

二、确定志愿服务内容

围绕家政服务、文体活动、心理疏导、医疗保健、法律服务、家电维修、教育指导等方面，结合自己所学的专业知识确定社区志愿服务内容，也可以围绕特殊日集中开展大型志愿活动。例如：

（1）6 月 5 日，世界环保日。开展环保宣传和创建绿色社区活动，倡导居民“节约一滴水，节约一度电”，并组织清扫卫生，清理白色垃圾，清理非法张贴物等。

（2）7 月 1 日，建党日。组织全体党员开展“党员奉献日”活动，全体党员搞一天义务劳动，号召党员“为党旗添光彩，为社区做贡献”。

（3）8 月 1 日，建军节。组织开展拥军服务，慰问军烈属。

（4）农历九月初九，重阳节。组织慰问老干部、老军人、老前辈，开展“尊老敬老日”活动，如为老年人免费体检、组织老年人参加文体活动等。

（5）其他一些社区志愿活动。

三、明确服务对象

服务对象可以是家庭、个人或者社区群体，组织者应提前与社区负责人联系，明确服务对象，提前做好相关准备。

四、组织志愿服务团队

确定好社区、服务对象、服务内容和服务时间后，根据需要在全校内招募符合要求的志愿者，对志愿者进行筛选、培训，确保服务质量。

五、开展活动、提供服务

社区志愿者在开展服务活动时应佩戴统一标志，积极践行“自愿、奉献、友爱、互助、进步”的宗旨，热心服务，树立良好形象。每次活动都要提前做好人员和物资的准备，每次服务结束后，负责人要收集好详细的资料，以及每位志愿者的服务时间、地点、对象等，做到有规则、有记录、有总结。

相关链接

社区志愿服务

任务实施记录

参与社区志愿服务，填写表 11-2。

表 11-2 参与社区服务，争做志愿达人——社区志愿服务记录表

<table>
<tr><th>小组成员</th><th></th><th>组长</th><th></th></tr>
<tr><td>活动宗旨</td><td></td><td>实施日期</td><td></td></tr>
<tr><td>任务要求</td><td colspan="3">要充分了解受助者需求，实现实际的服务效果</td></tr>
<tr><td rowspan="5">任务实施</td><td>服务对象</td><td colspan="2">（某社区、某群体或家庭）</td></tr>
<tr><td>服务形式</td><td colspan="2"></td></tr>
<tr><td>人员分工</td><td colspan="2">（包括你担任的角色）</td></tr>
<tr><td>活动过程及成果展示
（图片和视频）</td><td colspan="2"></td></tr>
<tr><td>感悟与收获</td><td colspan="2"></td></tr>
<tr><td rowspan="8">任务评价</td><td>评价主体</td><td colspan="2">全体同学</td></tr>
<tr><td>评价方式</td><td colspan="2">利用智慧课堂“学生评分”功能进行线上评分</td></tr>
<tr><td rowspan="5">评价标准</td><td>评价指标</td><td>分值</td></tr>
<tr><td>志愿服务有计划、有总结</td><td>20</td></tr>
<tr><td>活动过程记录翔实，
有图片和视频</td><td>50</td></tr>
<tr><td>活动时长不少于 2 个小时</td><td>20</td></tr>
<tr><td>服务对象评价要客观真实，
最好是视频</td><td>10</td></tr>
<tr><td>得分</td><td colspan="2"></td></tr>
</table>

11.3 倡导垃圾分类，回收再生资源

任务目标

（1）增强垃圾分类意识，学习垃圾分类的方法。

（2）通过活动号召身边人养成垃圾分类的习惯，促进资源回收再利用。

（3）强化劳动意识，培养创新、勤俭、奉献的劳动精神。

任务导图

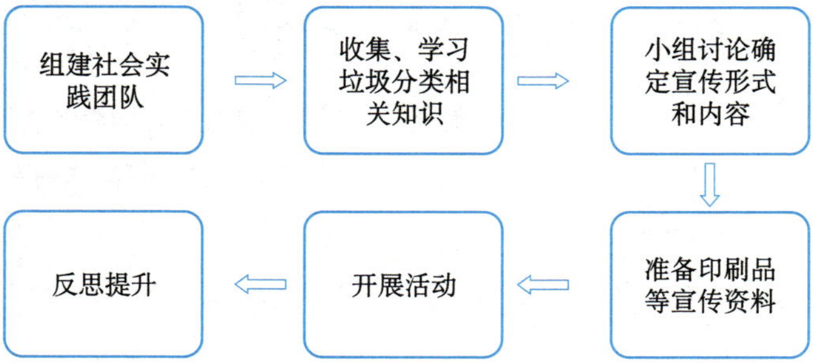

任务准备

一、垃圾分类相关知识

垃圾主要分为可回收物、厨余垃圾、有害垃圾和其他垃圾四类。

可回收物：包括废纸、塑料、玻璃、金属和布料五大类，需要注意的是纸巾和厕所纸由于水溶性太强不可回收。

厨余垃圾：在上海又称为湿垃圾，包括剩菜剩饭、骨头、菜根菜叶、果皮等食品类废弃物。

有害垃圾：指的是含有对人体健康有害的重金属、有毒的物质或者对环境造成危害的废弃物。有害垃圾包括电池、灯泡、水银温度计、油漆桶、过期药品、过期化妆品等，这些垃圾一般应通过分类单独回收或者填埋处理。

其他垃圾：是指除上述之外的如砖瓦陶瓷、渣土、卫生间废纸、纸巾等难以回收的废弃物。对这类垃圾采取科学的处理方法可有效减少对地下水、地表水、土壤和空气的污染。

二、垃圾分类倡议活动

（1）活动负责人招募志愿者。

（2）志愿者共同收集垃圾分类相关知识，设计宣传海报，制作好本次活动需要的调查问卷。

（3）印刷本次活动需要的垃圾分类倡议书、宣传海报、调查问卷等相关资料。

（4）活动开始时，活动负责人向志愿者公布活动时间、地点及活动要求。

（5）志愿者分组在目标区域分发倡议书，在宣传栏张贴垃圾分类宣传海报，并发放调查问卷。

（6）汇总调查结果，了解调查对象对垃圾分类的了解程度及实施程度。

三、垃圾分类拓展活动（选择开展）

（1）活动负责人给志愿者发放四色垃圾袋、卫生工具、马克笔、剪刀、固体胶等。

（2）在可回收物品中选择自己有意向的物品并进行手工制作，以小组形式进行作品展示。

（3）小组讨论后开展活动心得分享。

相关链接

垃圾分类

任务实施记录

参与垃圾分类宣传，填写表 11-3。

表 11-3　倡导垃圾分类，回收再生资源——垃圾分类宣传记录表

班级		实施日期	
姓名		学号	
任务要求	了解垃圾分类标准，引导身边人开展垃圾分类活动		
任务实施	活动内容及要求		
	过程（文字、图片和视频）		
	服务对象评价		
	感悟与收获		
任务评价	评价主体	全体同学	
	评价方式	利用智慧课堂“学生评分”功能进行线上评分	
	评价标准	评价指标	分值
		此项活动具有连续性	30
		活动过程真实，有图片或视频	50
		调研或宣传对象的评价要客观真实，最好是视频	20
	得分		

11.4　积极社会实践，技能回馈社会

任务目标

（1）熟悉职业岗位工作内容，了解岗位工作职责，掌握岗位工作技能。

（2）运用专业知识开展创新性劳动。

（3）遵守劳动安全要求和工作场所 8S 管理要求。

任务导图

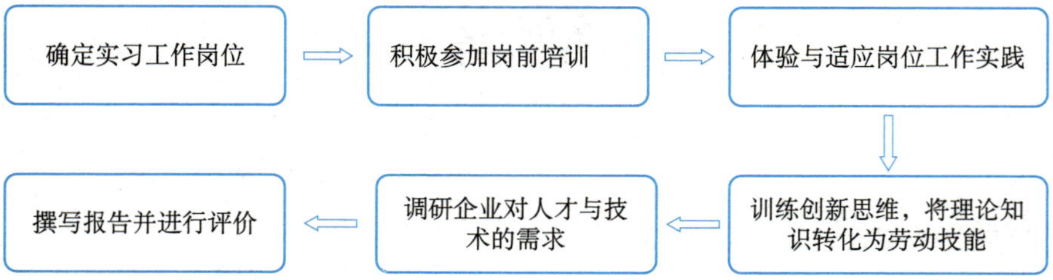

任务准备

一、实习任务来源

高职学生从第五学期开始会陆续进入企业开展专业实习。通过实习，可以加深理解和巩固已学过的理论知识，将专业知识融会贯通，并在实践中发现问题，培养创造性地运用理论知识分析和解决实际问题的能力，积累生产实践经验，提高实践操作技能和专业综合能力。一般可以通过学校提供的岗位及参加各种招聘会获得实习岗位，同学们应珍惜实习机会，积极热情地投入到专业实习中去。

二、岗前培训的必要性

实习生是企业的准员工，所以在进入工作岗位之前必须进行岗前培训。企业开展岗前培训可以达到以下几个目的：

（1）让员工尽快了解企业的核心价值观和文化理念，使其认同企业的组织文化。

（2）让员工尽快了解工作内容，知晓工作要求，明确工作纪律和奖惩措施。

（3）安全重于泰山，安全是一切工作的第一前提。在生产实习中，学生无论从事什么工作，都有可能面临一定的安全问题，因此必须充分了解安全操作规程，才能进入工作岗位。

岗前培训非常重要，同学们一定要高度重视，认真参训。

三、8S 管理的内涵

8S 管理起源于日本，是指在生产现场对人员、机器、材料、方法、信息等生产要素进行有效管理。这是日本企业独特的管理办法，因为整理（Seiri）、整顿（Seiton）、清扫（Seiso）、清洁（Seiketsu）、素养（Shitsuke）是外来词，在罗马文中第一个字母都为 S，所以日本人称之为 5S。近年来，随着人们对生产活动认识的不断深入，研究人员在原有的基础上又添加了安全（Safety）、节约（Save）、学习（Study）等内容，分别称为 6S、7S、8S。

（1）整理：增加作业面积，保证物流畅通，防止误用等。

（2）整顿：工作场所整洁明了、一目了然，减少取放物品的时间，提高工作效率，保持各项工作井井有条。

（3）清扫：使员工保持良好的工作情绪，并保证稳定产品的品质，最终使企业生产达到零故障和零报废。

（4）清洁：使整理、整顿和清扫工作成为一种惯例和制度是标准化的基础，也是一个企业形成企业文化的开始。

（5）素养：通过素养培养让员工成为遵守规章制度并具有良好工作习惯的人。

（6）安全：保障员工的人身安全，保证生产连续安全正常进行，同时减少因安全事故而带来的经济损失。

（7）节约：就是对时间、空间、能源等进行合理利用，以发挥它们的最大效能，从而创造一个高效率的、物尽其用的工作场所。

（8）学习：深入学习各项专业技术知识，从实践和书本中获取知识，同时不断地向同事及上级主管学习，学习长处从而达到完善自我、提升自己综合素质的目的。

相关链接

社会实践感悟

任务实施记录

积极参加企业实践，填写表 11-4。

表 11-4　积极社会实践，技能回馈社会——企业实践记录表

<table>
<tr><td>姓名</td><td></td><td>班级</td><td></td></tr>
<tr><td>活动名称</td><td>（XXX 企业实践）</td><td>实施阶段</td><td></td></tr>
<tr><td>任务要求</td><td colspan="3">与企业员工一样真实参与工作实践</td></tr>
<tr><td rowspan="5">任务实施</td><td>岗位名称</td><td colspan="2"></td></tr>
<tr><td>岗前培训</td><td colspan="2">（包括培训照片和培训内容大纲）</td></tr>
<tr><td>工作记录（文字图片）</td><td colspan="2">（记录多个工作场景）</td></tr>
<tr><td>师傅和工友评价</td><td colspan="2"></td></tr>
<tr><td>感悟与收获</td><td colspan="2"></td></tr>
<tr><td rowspan="8">任务评价</td><td>评价主体</td><td colspan="2">全体同学</td></tr>
<tr><td>评价方式</td><td colspan="2">利用智慧课堂“学生评分”功能进行线上评分</td></tr>
<tr><td rowspan="5">评价标准</td><td>评价指标</td><td>分值</td></tr>
<tr><td>岗前培训内容翔实，照片清晰</td><td>20</td></tr>
<tr><td>工作记录有过程图片和视频</td><td>30</td></tr>
<tr><td>工作记录有多场景切换</td><td>20</td></tr>
<tr><td>师傅或工友评价要客观真实，最好是视频</td><td>30</td></tr>
<tr><td>得分</td><td colspan="2"></td></tr>
</table>

参考文献

[1] 柳友荣 . 新时代大学生劳动教育 [M]. 北京：高等教育出版社，2021.

[2] 刘向兵 . 劳动通论 [M]. 北京：高等教育出版社，2020.

[3] 党印 . 职业与劳动 [M]. 北京：人民交通出版社，2021.

[4] 张新春 . 劳动教育实践活动手册 [M]. 南昌：江西高校出版社，2021.

[5] 郭原娣 . 新时代劳动教育读本 [M]. 石家庄：河北科学技术出版社，2021.

[6] 何卫华 . 大学生劳动教育理论与实践教程 [M]. 厦门：厦门大学出版社，2019.

[7] 刘向兵 . 新时代高校劳动教育论纲 [M]. 北京：社会科学文献出版社，2019.

[8] 李珂 . 嬗变与审视 [M]. 北京：社会科学文献出版社，2019.

[9] 宦平 . 工匠精神读本 [M]. 北京：中国劳动社会保障出版社，2017.

[10] 梁露 . 高职生劳动教育教程 [M]. 北京：中国民主法制出版社，2021.

[11] 叶耀辉 . 新时代大学生劳动教育教程 [M]. 南昌：江西高校出版社，2021.

[12] 植林 . 新时代大学生劳动教育理论与实践 [M]. 北京：化学工业出版社，2020.

[13] 青增计 . 新时代劳动教育教程 [M]. 北京：航空工业出版社，2020.

[14] 檀传宝 . 劳动创造美好生活 [M]. 北京：中国劳动社会保障出版社，2019.

[15] 新时代劳动教育理论与实践编写组 . 新时代劳动教育理论与实践 [M]. 北京：新华出版社，2020.

[16] 陈森 . 劳动教育 [M]. 成都：电子科技大学出版社，2020.

[17] 曾青生 . 新时代大学生劳动教育实践教程 [M]. 南昌：江西高校出版社，2021.

[18] 李龙 . 大学生劳动教育与实践 [M]. 南昌：江西高校出版社，2021.

[19] 陈锋 . 新时代劳动教育理论与实践 [M]. 上海：同济大学出版社，2020.

[20] 武月锋 . 大学劳动教育教程 [M]. 成都：电子科技大学出版社，2020.

[21] 王薇 . 大学生劳动教育读本 [M]. 青岛：中国海洋大学出版社，2020.

[22] 教育部职业技术教育中心研究所 . 劳动教育读本 [M]. 北京：高等教育出版社，2021.

[23] 班建武 . 大学生劳动教育 [M]. 北京：人民邮电出版社，2021.

[24] 赵鑫全 . 新时代大学生劳动教育 [M]. 北京：机械工业出版社，2020.

[25] 沈冠娟 . 新时代劳动教育与实践 [M]. 成都：电子科技大学出版社，2020.

[26] 柯新华 . 就业与劳动权益保护：维权实例与实务指引 [M]. 北京：法律出版社，2013.